プロスポーツ
トレーナーが教える

背骨を整えれば
体は動く！ ラクになる！

プロスポーツトレーナー
木村雅浩

青春出版社

はじめに

先日、全日本大学駅伝をテレビで観戦していたときのことです。突然、「K」という名前がパーンと目に飛び込んできました。

Kくんは中学時代から私がトレーニング指導をしていた選手。駅伝の名門大学に進み、1年生のルーキーながら2区を任され、トップでタスキをつないだのです。従来の区間記録を上回る好タイムの大活躍でした。

初めて出会った頃の彼は、鵞足炎《がそくえん》、足底筋膜炎《そくていきんまくえん》、腸脛靭帯炎《ちょうけいじんたいえん》……など、とにかく故障の多い選手でした。

原因はたった一つ。ズバリ、背骨《せぼね》。背骨を中心とする間違ったカラダの使い方にあります。

「背骨が硬くて、骨盤《こつばん》も股関節《こかんせつ》もまったく動かない状態で走ってるからケガするんやで！」

彼には、繰り返しそう伝えたものです。

●ケガをしないカラダ、スピード、パワーも、すべては背骨の動きでつくられる

「走るのは脚」と思いがちですが、実は全身運動です。**「背骨を中心に、骨盤や股関節、胸郭《きょうかく》（肋骨）、肩甲骨《けんこうこつ》、肩関節《かたかんせつ》など様々な関節を連動させる」**のが本来のカラダの使い方です。

そのため、**背骨が硬くなって動かなくなると、連動してほかの関節が動かなくなります。**

その結果、脚だけで走ってしまって下半身に集中して負荷がかかるため、ケガをしやすくなるというわけです。

事実、Kくんが背骨をねじって動けるようになると、結果的に膝や足首の負担が減って力が一カ所に集中しなくなり、やがて痛みがなくなってケガもしなくなりました。

詳しくは本文で解説しますが、実は、歩く・走るとき、カラダをねじって背骨を回《かい》旋《せん》させて動くのが効率のいいカラダの使い方です。

カラダをねじらない（背骨の回旋なし）で歩く・走ると、『ゲゲゲの鬼太郎』の〝ぬりかべ〟のように手足だけ動く感じになります。

ためしに腕を後ろで組んで走ってみてください。うまく走れませんよね。

腕が使えないと走りにくく、バランスも取れないし、スピードも出ません。胸郭が動いて肩甲骨も動けば、腕が振れてスピードも出るようになります。

中学時代のKくんも、背骨が動かないから胸郭が動かない、胸郭が動かないから肩甲骨も動かない、肩甲骨が動かないから腕も振れない、だからスピードも出ない、という状況に陥っていました。

ランナーが「脚を動かすより、腕を動かせ」とよく指導されるのは、腕を動かせば脚も動くようになるからです。

腕（手）と脚をつなぐのが背骨です。

背骨のトレーニングをして、背骨がしっかり柔らかく動くようになると胸郭や肩甲骨が動くようになり、腕を振れるようになってスピードも出るようになりました。

私はこれまでスポーツトレーナーとして、プロスポーツ選手や、高校・大学・実業団などのチームから、一般の方まで、病院や治療院で治らないケガや症状で苦しむ約3万人以上の治療やトレーニング指導をしてきました。

プロ・アマを問わず、共通するのは、**背骨を整えれば本来の体の動きに変わって、ラクになるばかりか、パフォーマンスが劇的にアップする**ということです。

●本来の背骨の動きを取り戻すトレーニングで、好結果が続々！

背骨で変わったのは、Kくんだけではありません。

フィギュアスケート選手のTくんは、背骨を整えた結果、オリンピック代表の座を

勝ち取りました。

フィギュアスケーターとして背が高いほうではなかった彼は、表現を大きく見せる必要がありましたが、背骨が硬いために胸郭が動かなくて手が伸びません。背骨を動くようトレーニングすると、胸郭と肩甲骨も動くようになって、手を大きく動かせるようになりました。

また、ジャンプの精度も劇的に変わりました。背骨がねじれるようになったおかげで、高く、長く飛べるようになり、オリンピック代表選手に選ばれ、見事入賞したのです。

プロ野球のO選手は、腰の痛みが取れただけでなく、打撃パワーが向上しました。腰を痛めた原因も、背骨が硬く、腰を反らしてバッティングしていたからです。バットを振る際に、背骨を軸として回旋し、コマのようにまわれば、打撃パワーも上がります。腰への負担がなくなってラクになります。

プロ野球のS投手は、背骨を中心にカラダがうまく使えるようになると、野球肘の痛みが取れただけでなく、球速が上がりました。

彼は高校時代に肘の手術をしていて、肘痛以外に腰痛も持っていました。背骨が硬くて動かないと、カラダの連動がうまくいかず、肘や腰に負担がかかって痛みが出てしまいます。

しかし、背骨のトレーニングでカラダの連動がうまくいくと、球速が10キロ以上アップしたのです。

なぜ、背骨がすべての中心なのか。

それは、背骨が動かないと股関節も肩甲骨も動かないからです。

チーターがあれだけ速く走れるのは、背骨が柔らかく、しっかり動き、全身の連動が上手にできるからです。

人間もチーターのように背骨をうまく使えるようになると、ケガをせずに動けるカラダに変わります。

そこに気がついたのは、野球の投手としての現役を引退し、トレーナーになってからでした。

当時のトレーニングは「筋肉を鍛えて大きくする」が常識。最初に担当した実業団の野球チームでは、パワーアップのために一生懸命に筋トレを指導しました。その結果、選手たちの筋肉は発達してカラダは大きくなり、体重も増えたのです。

ところが……、喜びも束の間、キャンプ中にケガ人が続出しました。

「なんでケガ人が出るんや」

選手がストレッチをしっかりやっていないから？　クールダウンしていないから？　睡眠をちゃんと取っていないから？　……はじめは選手のせいにしていましたが、ふと気づいたのです。

「筋肉をつけただけでは動けんようになる」

その後、自分自身のカラダでトレーニングを試行錯誤し、運動学、トレーニング学、機能解剖学などを独自に研究した結果、

「筋肉を大きくするだけではケガもしやすく、パワーは上がらない」
「ケガをしにくくしてパワーを上げるためには、背骨を中心に本来のカラダの使い方をすればいい」

という結論に至ったのです。

本書では、なぜ背骨が重要なのか、実例も交えながら解説し、私が長年のプロスポーツトレーナー経験から編み出した「カラダのメンテナンス・メソッド」をお伝えします。スポーツ選手だけでなく、一般の方にも効果的な「1分間背骨エクササイズ」を初公開しました。

背骨を整え、本来のカラダの使い方をすれば、日々苦しんでいる痛みや症状から解放され、さらにはスポーツや仕事のパフォーマンスもアップするでしょう。

一人でも多くケガや痛みで悩む人を救いたい。そして、私のようにケガで夢をあきらめる人を一人でも減らしたい。そのために本書が少しでもお役に立てることを願っております。

contents

序章

痛いところが原因じゃない！

カラダの痛みは「背骨」が9割

第1章

すべての動きの要！　背骨のしくみ

チーターが速く走れる秘密とは

第2章

なぜ、背骨の使い方を変えれば「動けるカラダ」に変わるのか

カラダを「鍛えるトレーニング」より「整えるトレーニング」のすすめ

第3章

野球、サッカー、フィギュアスケート、競輪…
背骨の改善で、結果が劇的に変わったトップアスリートたち

第4章

家でできるカンタン背骨の運動習慣

背骨を整える7つの1分間エクササイズ

第5章

あなたもこうしてよくなる6つのケース

「背骨」ひとつでカラダが変わり、ラクになった！

特別レッスン解説動画

序章

痛いところが原因じゃない！

カラダの痛みは「背骨」が9割

その痛みは「間違ったカラダの使い方」が原因だった

首が痛い、肩が痛い、腰が痛い、膝が痛い……、そんなとき、みなさんは、どうしていますか？

病院や治療院に行って、痛いところ（患部）の周辺をマッサージしたり湿布薬を貼っても、なかなかよくならない。そんな経験はないでしょうか。

それもそのはず。つい「痛いところ」に原因があると思いがちですが、痛みの原因は別のところにあるからです。

カラダの痛みの9割は「背骨」が原因。

そう言うと、驚かれる方も多いかもしれません。

なぜ、「背骨」が原因で、様々な不調が起こるのか——そのお話をする前に、そもそも、なぜカラダの痛みが起こるのかについて説明しましょう。

それは、簡単に言うと、その関節や筋肉（痛みが出る部位）に対する一極集中の「間違ったカラダの使い方（動かし方）」にあります。そこに負荷がいっぱいかかっているからです。

本来のカラダの使い方（動かし方）とは、後で詳しく説明しますが、背骨を中心に、カラダ全体を使って、互いに連動し合っている多くの関節や筋肉を動かすものです。

ところが、私たち人間はラクをしたがるため、なるべく最小限で動こうとします。

そうすると、一部の関節や筋肉しか使わず、一カ所に負荷が集中して、その箇所を痛めてしまうわけです。

どういうことか、例を挙げて紹介しましょう。

首痛の一例

ちょっと体感してみましょう。

首をくるりと右に回して、首だけで右を向いてみてください。首の同じところだけに負荷がかかりませんか。

それを繰り返すことによって首の一カ所に慢性的に疲労が起きて、やがては首の痛みが起こるわけです。

次に、首を動かさないで、カラダを腰から右にひねるようにして上半身で右を向いてみてください。

首というのは背骨からつながっているわけですから、背骨をねじれば首を動かさなくても右を向くことはできます。

「右を向く」とき、**背骨を動かすか動かさないかで、使う筋肉や関節の数が違う**ことがわかりますか。

背骨を動かさずに首だけで向いてしまうと、同じ関節、筋肉を使うことになります。首しか使わないことが習慣になると、背骨を動かす機会を逸してしまいますから、やがては背骨や、背骨と連動して動く筋肉や関節が硬くなってしまい、いざ背骨を使おうと思っても思うように動けなくなってしまいます。

そうなると背骨が硬くて動かないために、首だけで向いてしまって首を痛めてしまうのです。

肩痛の一例

四十肩や五十肩、野球肩（ボールを投げるときの肩の痛み）も、実は背骨が硬くて動かないケースがほとんどです。

背骨が硬くて動かないと胸郭《きょうかく》（胸部を覆う骨格）が動かないですし、その上に乗っている肩甲骨《けんこうこつ》も動きません。

肩甲骨や胸郭が動かなければ、肩の関節だけで腕を上に上げようとする（四十肩や五十肩の場合）、肩の関節だけでボールを投げようとする（野球肩の場合）から、肩の関節だけに負荷がかかり、痛みが起きてしまうのです。

私が指導したプロ野球のY投手（第3章で紹介）が、まさにそうでした。

Y投手を見ていると、肩だけで時速150キロ近いボールを投げるのです。

背骨が硬くて動かず、足首から膝、股関節、背骨、肩関節まで連動して機能していないために、肩の関節だけに負担がかかって痛みが出ていたというわけです。

背骨を動かし、足首、膝、股関節、肩甲骨など、ほかの関節や筋肉を使って、**動きを分散する**。

そうして肩だけで投げていた動きを、全身を使ってカラダを連動させて投げる動きに変えるよう指導したところ、肩の負担が減り、痛みが起こらなくなりました。

さらに、パフォーマンスも劇的にアップ。その後、まもなく一軍復帰を果たし、勝ち星をあげるようになったのです（肩の動きについては、のちほど詳しく解説します）。

腰痛の一例

腰が痛くなる原因は様々ありますが、いわゆる「ねこ背」で起こります。

背中を丸め（＝背骨が後弯《こうわん》）、つま先に体重をかけて（＝つま先重心）、前かがみで歩いている人を多く見かけますが、この**「ねこ背」姿勢は、頭が前に倒れることで背中が丸まってしまうと、腰の一部に負荷がかかり、腰痛を引き起こします。**

姿勢がよくなり、頭が正しい位置にくれば腰の負担も減り、自ずと腰の痛みも軽減します（姿勢については、のちほど詳しく解説します）。

膝痛の一例

膝の痛みと背骨は、一見、何の関係もないように思えるかもしれません。

実は**背骨は、上半身の動きと下半身の動きをつなぐ役割を持っています。**そのため、**背骨が硬くて動かないと、**（骨盤を介してつながっている）**股関節がうまく連動しないのです。**

そして、膝が痛い人は、歩くときに膝関節ばかり使いがちですが、本来、歩くときに使わないといけないのは「膝関節」ではなく、「股関節」なのです。

股関節を使って、腸腰筋《ちょうようきん》で脚を前に出し、膝が伸びた状態で体重がグッと乗ってきて、お尻とハムストリングス（お尻と太ももの裏の筋肉）で体重を前に移動するというのが本来の正しいカラダの動かし方、歩き方です。

ところが、股関節が動かない↓骨盤が動かない↓背骨が上手に動かず、ねじれないから、膝の関節だけで歩くことになる。その結果、膝を痛めてしまいます。

背骨が整い、正しい歩き方をして膝の負担を減らせば、自ずと膝の痛みも軽減します（歩き方については、のちほど詳しく解説します）。

痛みのあるところが本当の原因ではない

いかがですか。

痛いところが必ずしも原因ではないこと、同じ筋肉や関節ばかり使っているから痛みが出てくることがおわかりいただけたかと思います。

私のところには、病院や治療院に行ってもなかなかよくならない、病院では「手術しかない」と言われたというアスリートから一般の方までたくさんの方が訪れます。

なぜ、病院や治療院に行ってもよくならないのでしょうか。

それは、**「医者は痛いところしか診ていない」**「整体、マッサージ、鍼灸《しんきゅう》などの**治療家は痛いところしか治療をしていない」**傾向があるからです。

病院ではレントゲンやＣＴ、ＭＲＩなどで患部を検査し、異常があれば投薬やリハビリをする。それでダメなら手術と言われてしまいます。

治療院でも同じく患部しか診ていないと、そこしか治療をせず、一時的に軽減したとしても、痛みはすぐに戻ってしまいます。

だから痛いところをマッサージしたり、電気を当てたり、鍼《はり》を打ったりして、そのときはラクになっても、結局また同じ筋肉や関節を使ったり、動かし方が悪かったりすれば、すぐに痛みが出てきてしまうわけです。

一時的にはよくなっても、次の日、もしくは二日目になるとまた痛みやコリが元に戻ってしまうということは、結局、痛みの大本《おおもと》がよくなっていないということです。

手首を強く握ると、手のひらの色が変わってきます。

そして、さらに握り続けると指先にしびれが出て痛みに変わってきます。

指先の痛みの原因は手首ということがわかります。

指先に痛みが出て治療院に行って、「先生、指の先が痛いんです。なんとかしてください」と言ってそこをマッサージしたり、電気を当てたり、鍼を打ったりして指先の痛みを取ろうとしても、実際に悪いところが手首な場合、手首の締めつけをゆるめてあげなければ血液も神経も流れないので、痛い指先ばっかり見て治療をしても痛みやしびれは取れないわけです。

このように、原因を突き詰めて、患部だけでなく原因となる箇所をしっかり治療したにもかかわらず、再発するケースもあります。

それは、痛みが取れたあとも、痛くなる原因の行動を繰り返し行っているから。要は、**痛くなる習慣があるからです**。

たとえば、座椅子に座って、長座（両足を伸ばした状態で座る）の姿勢でテレビを観ていて腰を痛めた人が治療に来て、よくなったと帰っても、再び長座の姿勢で座っていたら、「また腰が痛いんです」となるのは当たり前です。

同様に、寝っ転がって肘をついて頭を支えている人は首を痛めます。

痛みが取れたとしても、痛む前と同じ動かし方、使い方をしていたら痛みが再発する可能性は極めて高いのです。

したがって、カラダに正常な動き方、使い方を教える必要があります。そこまで診てくれる病院や治療院は少ないのが現状なのです。

ゴールは、ケガが再発しないカラダをつくること

痛みによってパフォーマンスができないスポーツ選手も、痛みによって日常生活に支障がある一般の方も、治療やトレーニングによって痛みが軽減すれば、ものすごく

喜びます。

しかし、前項でもお話ししたように、痛みの原因となる箇所をしっかり治し、そして痛みの原因となる行動や動作を変えないと痛みは再発してしまいます。

痛みが起こる原因はそこの関節や筋肉をたくさん使っているために慢性疲労を起こすわけですから、まず、なぜそこの関節や筋肉だけを使っているかを考察しなければなりません。

なぜ、そこだけの関節や筋肉を使っているかを見て、他の部位を使うことによって、そこの関節や筋肉を使わなくするというところにもっていけば、痛みが起こっている箇所の負担が減り、痛みを軽減させることができます。

治療院で行うマッサージや電気治療、鍼治療というのは痛みを取ることが目的になっているケースが多くありますが、本来は、痛みを取ったあとに動作を変えてあげて、全身が連動し、正常な動きにして、再発しないカラダをつくるというのが最終的

なゴールなのです。

だから、痛いところばかり見ていたらダメです。

治療院に行って、マッサージや電気治療、鍼治療をして、筋肉の血流が増えるために可動域も上がって、柔軟性も上がって、「ラクになりました」と言っても、再び同じような日常生活の動作や姿勢をしていたら、また痛みが再発します。

そこを治していかないと、何回も再発を繰り返すということです。

そこで、まずは痛みを取ってあげて、なおかつ**日常生活の動作や姿勢を変えることが大事**になってきます。

動作を変えるにしても、カラダ全身のどこが硬いのか、弱いのか、動いていないのか、動かし方を忘れてしまっているのか。そこをちゃんと明確にして、エクササイズなどで正しい**動きを出してあげる**。

もしくは**硬くなっているところはストレッチなどで動くように改善してあげる**、ということをしないと再発してしまいます。

ただ単に痛みが取れたらいいわけではなくて、**全身がちゃんと動くようになって、再発しないカラダをつくる、全身が連動してちゃんと動くようになる、正常な動きをつくり、関節が忘れている動きを取り戻してあげる、弱いところは鍛えてあげるということが大事**になってきます。

カラダを鍛えるためではなく、正しいカラダの使い方の「トレーニング」とは

肩こりや腰痛などでカラダが凝り固まると、鍼灸治療やマッサージに行かれる方も多いと思います。

コリを揉みほぐすようなマッサージはそのときは気持ちいいかもしれませんが、残念ながら、それだけではコリをほぐすことはできません。

おそらく、一時《いっとき》の心地よさだけで、すぐに元のコリに戻ってしまうことでしょう。


私は施術する際、単に筋肉を揉みほぐすだけでなく、関節を動かしていきます。

さらにトレーニングなどで関節の可動域を広げながら、筋肉を動かしていきます。

私はアスリートだけでなく、一般の方にもアスリートと同じようにトレーニングを取り入れながら治療します。

さらに、治療を一方的にするだけでなく、自分自身でもトレーニングをするように指導も行います。

私は、**「痛みを取る治療とトレーニングの両輪があるからこそ治療が完了する」**ものだと考えています。


アスリートだけでなく、一般の方も、カラダを動かさないため血流が悪くなって筋肉が硬くなり、コリが生じます。

鍼やマッサージをして筋肉を緩め、血流をよくして痛みを取ることも大事ですが、その凝り固まった筋肉をほぐしたり、関節を上手に動かすためには、治療だけでなくトレーニングも必要なのです。

トレーニングと聞くと、筋肉を大きくしてパワーアップするなどハードなイメージを持たれるかもしれませんが、私が言うトレーニングとは、筋肉や関節を鍛えるだけではなくて、**「動きをつくってあげる」**ことです。

動きをつくるとは、**「骨や筋肉、関節がうまく連動し、正しくカラダを使う」**ということです。

痛めたことは脳や神経が覚えているので、痛めた箇所が動くことをカラダは無意識に怖がります。

カラダが動くことを拒否すると、血流が悪くなり、筋肉が硬くなって、正しい動かし方を忘れてしまうのです。

つまり、鍼灸やマッサージで痛みを取ったら、今度は自分自身でカラダを動かし、筋肉をゆるめて、骨や関節が正しく動けるようにトレーニングをする必要があるわけです。

その中でも最も大事にしているのが**「背骨の動き」**です。

肩甲骨、胸郭、肩関節、骨盤、股関節をつないでいるのが背骨です。

背骨が伸展（後ろに反《そ》る動作）、前屈（前に倒す動作）、側屈（横に倒す動作）、回旋動作（ひねる動作）ができなくなると、連動してほかも動かなくなります。

すると、**「筋肉が硬くなる、骨が正常な位置からずれる、血管や神経が圧迫される」など負の連鎖が起こって、肩こりや腰痛をはじめ、様々なカラダの不調を引き起こします。**

トレーニングで背骨を動かすことで血流もよくなり、神経が正しく伝達し、カラダもラクになりますし、アスリートにとってはパフォーマンスアップにもつながります。

一般の方も仕事の効率が上がりますし、何より健康寿命を延ばすことになります。

ぜひ、日常生活にカラダを正しく使うためのトレーニングを取り入れてください。

背骨の動きひとつで全身の不調が起こる理由

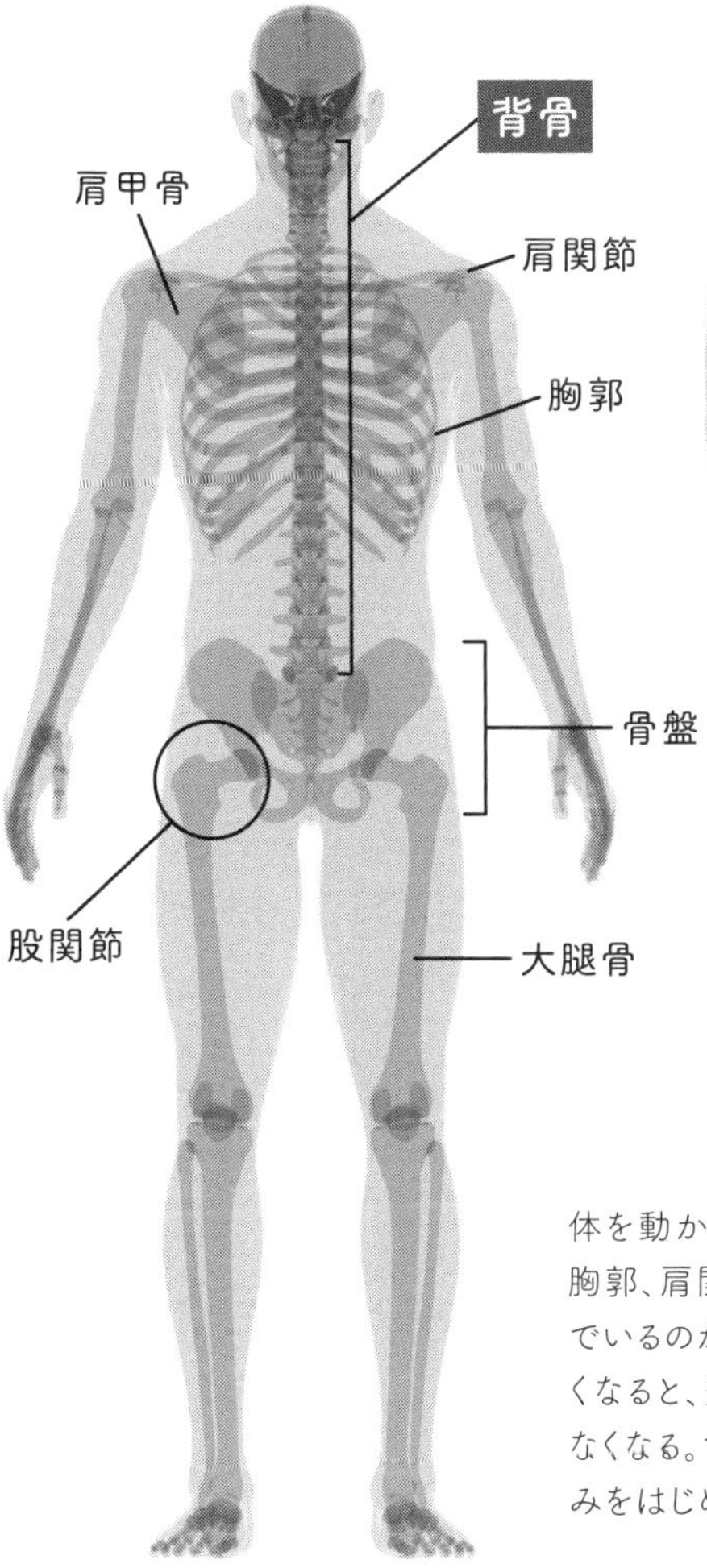

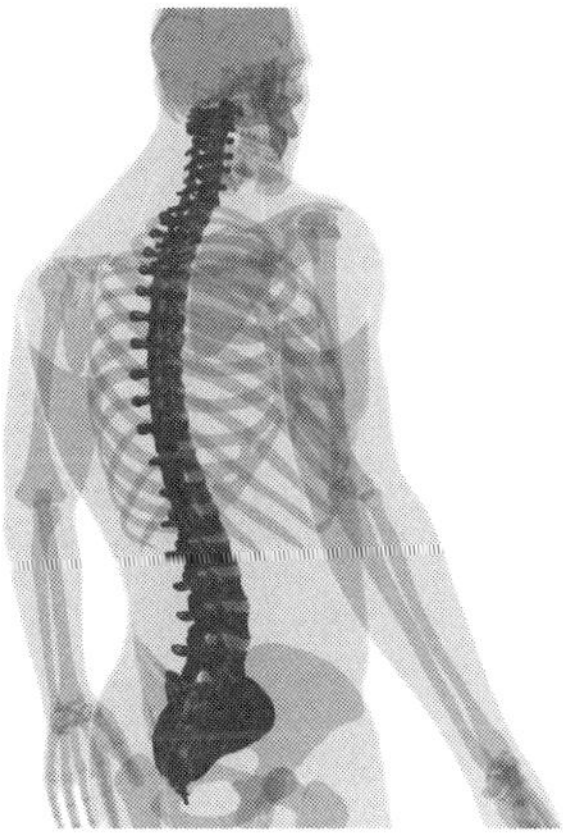

体を動かす主要な関節 ── 肩甲骨、胸郭、肩関節、骨盤、股関節をつないでいるのが「背骨」。そのため背骨が硬くなると、連動してほかの関節も動かなくなる。すると、肩・腰・膝のケガや痛みをはじめ、様々な不調を引き起こす。

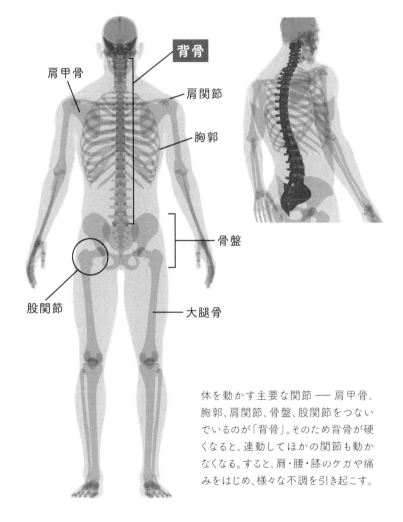

コラム なぜ、「ケガをしないカラダをつくる」トレーニングが不可欠なのか

私は数多くのプロ・アスリートやスポーツ選手のケガを治して競技に「復帰」させるだけでなく、トレーニングによってケガをする前より高いパフォーマンスを発揮できるカラダにして「復活」させるお手伝いをしてきました。

たとえば野球のピッチャーが肩を痛めて、治療して、肩関節の痛みが取れて、日常生活に支障がなくても「治った」とは言えません。

実際のボールを何十球投げて肩に負荷をかけても痛まないとなって初めて治ったと言えます。

ところが、一度痛めてしまうと神経が痛みを覚えているためにボールを投げるとき、どうしてもカラダが怖がってしまいます。

無意識に痛めた肩をかばってしまい、肩関節がしっかり動かないまま(腕を上げるときに肩の棘上筋《きょくじょうきん》が硬くこわばって働かない状態)ボールを投げようとするから、今度は肘を痛めてしまうというケースに陥りがちです。

また、ハムストリングスや膝を痛めたピッチャーが完治し、スクワットを150kg上げても痛くない、ジャンプしても痛くない。でもボールを投げるときに下半身に体重が乗っていかないというケースが多々あります。ハムストリングスや膝が怖がってしまうからです。

そして、下半身に体重が乗っていかないために上半身でボールを投げた結果、肘と肩を痛めてしまうのです。

そこで大切なのが「背骨の動き」です。動かして痛くないといっても根本は治っていません。背骨が正しく動かなければ、骨盤、股関節、肩甲骨、肩関節などが正しく連動せず、患部によけいな力が加わり、再度、痛みを引き起こしてしまいます。

上半身と下半身をつなぐ背骨の動きが硬くならないよう「背骨を正しく動かすトレーニング」が重要なのです。

第1章

チーターが速く走れる秘密とは
すべての動きの要！
背骨のしくみ

現役時代に知りたかった「背骨」の重要性

背骨がカラダの中心にある骨だということは、みなさんご存知だと思います。

脊柱管狭窄症《せきちゅうかんきょうさくしょう》、すべり症、腰椎《ようつい》圧迫骨折、腰椎椎間板《ようついついかんばん》ヘルニアなどの方は、背骨に問題があるという認識でいると思いますが、**「肩こり、頭痛、肘痛、膝痛、足首の捻挫《ねんざ》などの場合、背骨が問題だという認識はあまりない」**のではないでしょうか。

私自身も現役時代に肘を痛めて手術をしていますが、当時は肘の問題であって、背骨に問題があるとは微塵《みじん》も思っていませんでした。

私が野球を引退し、スポーツトレーナーになったある日のこと、なぜ自分が肘を痛めたのかを分析してみました。

私はピッチャーをしていました。

小学5年生のころから肘を痛め、鍼やマッサージなどいろいろな治療をしてきましたが、それでもよくならず、高校3年生、大学3年生、社会人4年目に計3回の手術をしました。

それでも肘の痛みが消えることはありませんでした。

現役時代のフォームを映像で見ると、カラダが開いて、肘が伸びた状態で遠心力を使って投げていました。

本来であればカラダは開かずに腕をたたみ、肘はカラダに近いところから投げるべきです。

なぜ、カラダが開いているのか。さらに分析してみると、背骨と股関節の動きが硬く、足、膝、股関節、骨盤、背骨、肩甲骨、肩関節の連動ができていないため、腕の力だけで投げていたのです。

これでは肘を痛めて当然です。
私が本当に治すべきところは肘ではなく、「背骨と股関節」でした。
背骨と股関節に柔軟性をつくり、カラダの連動をスムーズに行えるよう改善していくと、肘の痛みはほぼなくなり、ボールが投げられるようになりました。

痛みのあるところだけが原因ではなく、別のところに原因があることがわかり、様々な選手を診ていくと、痛みの場所がどこであれ、ほとんどの場合が**「背骨の動きが硬く、肩甲骨や胸郭、骨盤や股関節に連動していないことで痛みが起こっている」**ことがわかりました。

それ以来、痛む場所だけ診るのではなく、背骨がどのように動くか、どのようにカラダと連動しているかを分析できるようになったおかげで、様々な選手の痛みを改善

現役時代のピッチングフォーム解説動画

できるようになり、さらにはパフォーマンスをアップして成績を出せるお手伝いができるようになっていったのです。

チーターは、なぜあんなに速く走れるのか

背骨の柔軟性がいかに大切か、指導をする選手や治療をする患者さんによくする話があります。

「チーターは、なぜあんなに速く走れるのか」

チーターがほかの動物よりも速く走れる理由は、**背骨に柔軟性があり、よく動くから**です。

背骨がよく動くから、手足もよく動き、結果的に速く走れるのです。

さらに言えば、準備運動をすることもなく、瞬発的にトップスピードに持っていきます（たった3秒で時速100キロに到達するといわれます）。

そして、準備運動もせずトップスピードで走ってもケガをすることもありません。

これが人間ならば、間違いなく「肉離れ」など、どこかを痛めてしまいます。

人間もチーターのように背骨が柔らかければ、ウォーミングアップなしでも動けます。

しかし、背骨が硬く、すぐに動けないからウォーミングアップが必要となります。

子どものうちはまだ柔らかいので、ウォーミングアップなしでもすぐ動けますが、成長して大人になるにつれて背骨の動きは硬くなっていきます。

普段運動をしていない大人が急に動くと筋肉が硬いため、肉離れを起こしてしまうのです。

スポーツ選手はもちろんのこと、一般の方も**ケガの予防のために、背骨を柔軟に保っておく必要があるのです。**

背骨が「一本の棒」のように動かせない！「背骨を反らす」ことができない現代人

皆さんもご存じだと思いますが、背骨は一本の棒ではなく、いくつもの骨（椎骨）が数珠《じゅず》のように連なっています。

47ページの図をご覧ください。

正面から見れば、まっすぐですが、横から見るとS字になっています。

背骨は頭、胸郭、骨盤と接していて、そこから肩甲骨、肩関節、股関節、さらに腕、脚へとつながっていきます。

背骨が一本の骨ではないことも、様々な骨に連携していることも、改めて言うまでもないことだと思います。

ところが、ほとんどの人が背骨が硬く、「一本の棒」状態。たとえば野球のバットを振るときに、背骨と骨盤が同時に回ってしまうのです。

のちほど紹介しますが、股関節↓骨盤↓背骨↓胸郭↓肩甲骨と順番にねじる（回旋する）のが本来のカラダの使い方であり、最もパワー効率のいいカラダの動かし方なのです。

ところで、あなたは**「背骨を反らす」**ことができますか。

背骨を反らす動作は日常生活においてあまりないので、20代後半くらいからブリッジができない人がかなり多いのではないでしょうか。

最近ではブリッジができない高校生もいるくらいで、**背骨の硬さの若年化は進んでいます**。

高校の野球部のAくんは、中学のころから腰椎の分離症で腰が痛く、まともにバッ

背骨の構造

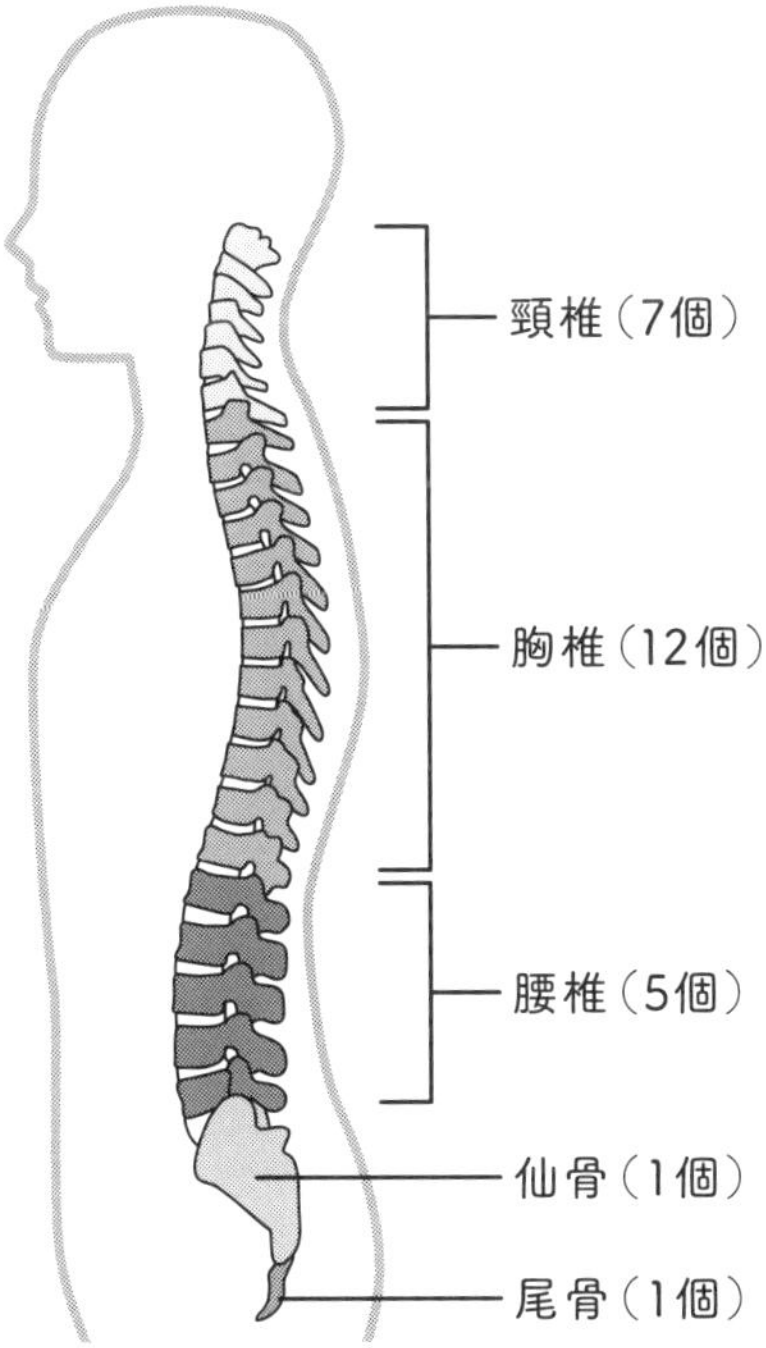

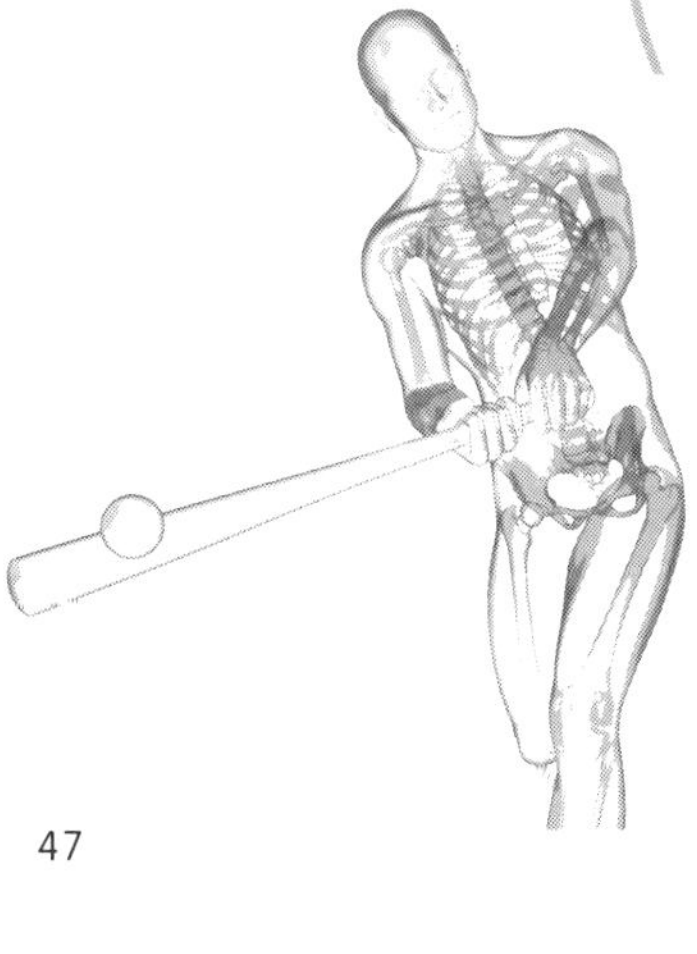

背骨は"一本の棒"ではなく骨と骨がいくつも連なっている。カラダを回旋する（ねじる）とき、背骨の一つひとつの骨を連動させ、しなやかに動かすのが最も効率的なカラダの使い方。

トが振れない状況でした。

初めて治療に来たときに検査をすると、胸郭の動きが悪くて後ろに反れない。痛みが出るのは、後ろに反らす動作とバットを振るときの回旋動作でした。

そこで、背骨をゆるめ、後ろに後屈できるようなエクササイズ（第4章の「ボールエクササイズ」130ページ参照）などを行うことによって、蓄積していた疲労が取れて後屈運動や回旋運動もできるようになり、腰痛も改善できて、全体練習に参加できるようになりました。


また、ある高校の野球部監督のBさんは、何年も腰痛で悩んでいました。

前屈動作に痛みが出て、靴下もはけない、当然ながらノックもできない状況でした。

股関節が硬く、背骨の伸展動作ができなかったので、鍼と整体の治療のほかに自宅でエクササイズ（第4章の「胸郭落とし」137ページ参照）などをやってもらい、背骨を反れるようにしました。

すると、どうでしょう。以前、いろいろな治療院や整形外科などに30回くらい通っても治らなかったのが、5、6回の施術と自宅エクササイズで痛みも治まり、バットを振れるようになって、ノックができるようになったのです。

「骨盤のゆがみ」も背骨の硬さが原因

「骨盤のゆがみ」「骨盤を立てる」という言葉を聞いたことはありませんか。

立っているとき、座っているとき、歩くとき、走るときなど骨盤は立っているのが理想ですが、骨盤が後ろに傾くこと（後傾と呼ばれます）によって、疲れやすくなる、代謝が悪くなるなど、様々な不調が起こると言われます。

そこで骨盤矯正などをうたう整体院などもあります。もちろん骨盤を立てること自体は間違いではありませんが、これも大本《おおもと》は、背骨が硬くなるのが原因なのです。

背骨が硬くなり、動かなくなると様々な筋肉が硬くなります。

筋肉が硬くなるということは短縮してしまうわけですから、伸びるはずの筋肉が伸びなくなって、骨盤がまっすぐ立てなくなり後傾してしまいます。


たとえば、ハムストリングスやお尻が硬いと、坐骨《ざこつ》に続いているハムストリングスが短縮してしまって骨盤が後傾してしまう。


もう一つは腹直筋です。

腹直筋は肋骨《ろっこつ》から恥骨《ちこつ》についていますので、その筋肉が硬くなると短縮して恥骨が持ち上げられ、骨盤が後傾してしまう。


骨盤が後傾してしまうと腰椎がまったく動かなくなります。

腰椎が動かないから首だけで動かすことになります。

なおかつ骨盤が後傾すると背骨が丸まってしまいます。

そうなると、肩関節がまったく動かなくなります。

だから、背骨が丸まっている人に関しては、特に背骨の伸展という動作がめちゃめちゃ硬くなっている人が多いのです。

もちろん、ヘルニアや狭窄で腰が痛い人、ストレートネック（首の頸椎のアーチが失われ、まっすぐな状態）や首が痛い人というのは背骨の屈曲はまだしやすいのですが、伸展動作、回旋動作、側屈動作が悪いため、多くの人が様々な症状が出ています。

背骨がうまく動くことによって、カラダの上下の連動ができて、肩関節や股関節も動くようになり、肩や肘も動きやすくなるわけですが、背骨が動かなくなると股関節や肩関節が動かなくなり、肘や手首だけが動いてしまうため、痛めてしまうのです。

背骨を動くようにして、骨盤を立てることで、肩関節や股関節も動き、カラダ全体が連動することで、一カ所に対する負担が減れば、様々な痛みも軽減するということです。

背骨が動かないとバンザイができない理由

この章のはじめにチーターを例に説明したように、**カラダ全体の動き（連動）の起点となるのが背骨**と言っても過言ではありません。

たとえばバンザイの動作。一見、腕と肩だけを動かしているように思えますが、背骨が伸展するから肩関節が動きます。

もちろん上腕骨、鎖骨《さこつ》、肩甲骨だけでもある程度は肩関節も動きますが、耳の横まで180度肩を上げるためには背骨の動きが必要不可欠です。

37ページの図のように肩甲骨は胸郭の上に乗っています。

肩甲骨を動かすためには胸郭の動きが必要であり、胸郭がしっかり動くためには背骨の動きが必要です。

つまり、背骨が動かないと胸郭が動かない。

胸郭が動かないから肩甲骨が動かない。

だから、**背骨が動かないと肩の動きも制限される**ということになるわけです。

四十肩や五十肩などで肩が上がらないという人に肩の治療だけをしても治らないわけですよね。背骨の伸展が悪いために肩を痛めているわけですから。

40代・男性のCさんは、肩がまったく上がらない状況でした。

腕を前から上げるのに120度、横から上げるのに100度くらいで痛みが出ていました。

肩関節自体も悪いのですが、背骨が全然動いておらず、特に胸郭あたりの伸展動作がものすごく硬くて、肩を持ち上げることができない、というような状態でした。

そこで、痛みのあるところは鍼治療で取り除き、整体法で肩甲骨、鎖骨、上腕骨の動きを出してあげる。

自宅では背骨の伸展動作を改善するためのエクササイズ（初級①の「ボールエクササイズ」、可動域が上がってから上級①の「胸郭落とし」など）をやってもらうと、160〜170度くらいまで上がるようになりました。

背骨が動くためには「姿勢」が大事

大事なことなので何度も言いますが、痛みがあるところは一カ所集中で、そこを使っている証拠。痛みがある箇所でなくても、別の箇所を使って連動させれば動作はできるわけです。

序章の「首痛」のところで紹介したように、背骨を動かせば、首を動かさなくても

痛みの原因
解説動画

左右に向くことができます。

それにもかかわらず、背骨を動かさずに首だけで動いてしまうから首に慢性的な痛みが出てしまう。さらに言えば、背骨を使わないために背骨が硬くなってしまい、いざ使おうにも使えない状況になってしまうのです。

背中が丸まり、猫背になっている人は、つま先体重の姿勢になってしまい、アゴが前に出て、首が前に倒れてしまって、頭を首で支えてしまう。

人間の頭というのは約4～6kgあるわけですから、それを首だけで支えれば、慢性的に首の痛みや肩こりが起こるのも当然でしょう。

さらに、つま先体重になると、大腿四頭筋が働き、股関節が内旋して、股関節が動きにくくなります。

だから前屈もできなくなるんですね。

つま先体重になることによって首が前に出てくる。

肩甲骨も外転（ねこ背になる動き）してしまって、外に引っ張られて、僧帽筋《そうぼうきん》が上部線維とか胸鎖乳突筋《きょうさにゅうとつきん》が常に慢性的に負荷がかかって引っ張られる。

肩甲骨が外転しているわけですから、肩が外旋できないという状況になり、首や腰を痛めてしまいます。

下半身に関しても、股関節の動き、膝の痛み、ハムストリングス、ふくらはぎの筋肉の張りや痛みなど、背骨と骨盤が動かないと、股関節、膝関節、足関節が連動しないので、背骨の動きと姿勢は、痛みを取るために重要な問題です。

姿勢
解説動画

正しい姿勢＝頭−背骨−仙骨が一直線で動きやすい

正しい姿勢というのは、ちょっと難しい話になりますが、正確に言えば、横から見たときに外踝《がいか》（外側のくるぶし）、大転子《だいてんし》（太ももの付け根あたりの出っ張った骨）、肩峰《けんぽう》（肩の出っ張った骨）、耳の穴が一直線になった状態です。

そして、骨の位置が足の裏の内踝《ないか》（内側のくるぶし）と外踝の間、第四趾（足の薬指）の中足骨《ちゅうそくこつ》に体重がかかる状態です。

要は、**仙骨《せんこつ》、背骨、頭が一直線になり、骨盤の上に頭が乗っていれば首に負担はかかりません**。

一直線になって、腹圧をちょっとかける。

お腹を軽くへこますような感じですね。

お腹をへこますような感じで腹圧をかけて腹横筋を働かすと、骨盤が立ちます。

グッと力を入れすぎると全身の筋肉が硬くなって逆に動かなくなるので、軽くへこました状態で、「軽くお腹に力が入ってるなぁ」くらいです。

特に丹田《たんでん》（へその下）あたりを、しゃべったり歌えるくらいで軽くへこまし、アゴを引いて胸を軽く開き、骨盤を立たせ、骨盤のやや後ろ、仙骨の上あたりに頭がくる姿勢が一番動かしやすいでしょう。

仙骨より頭が前にくると首を痛めますし、逆に仙骨より後ろに体重がかかってしまって頭が後ろにいくと、腰が反ってしまって腰を痛めます。

正しい姿勢、すなわち背骨などが一直線の正しい位置にくると、肩甲骨や股関節が動きやすくなる。**筋肉の張力が一定になるポジション**なのです。**姿勢を正したらカラダが動きやすくなる**ということです。

たとえば、ゴルフのスイングの場合、構えたときに骨盤が後傾して背骨が丸まってくると、上手に背骨がまっすぐねじれないわけですね。

仙骨と頭を一直線にしてコマのように背骨をまっすぐにした状態でねじると、回旋しやすくなります。

変な骨の位置の姿勢になっているから、関節が動きにくくなってくる。張力がバラバラになってくる。

結果、カラダが動きにくくパフォーマンスが低下するばかりか、カラダの様々なところに負荷がかかり、痛みや疲れが出るのです。

正しい姿勢は「関節が動きやすい」ベストポジション

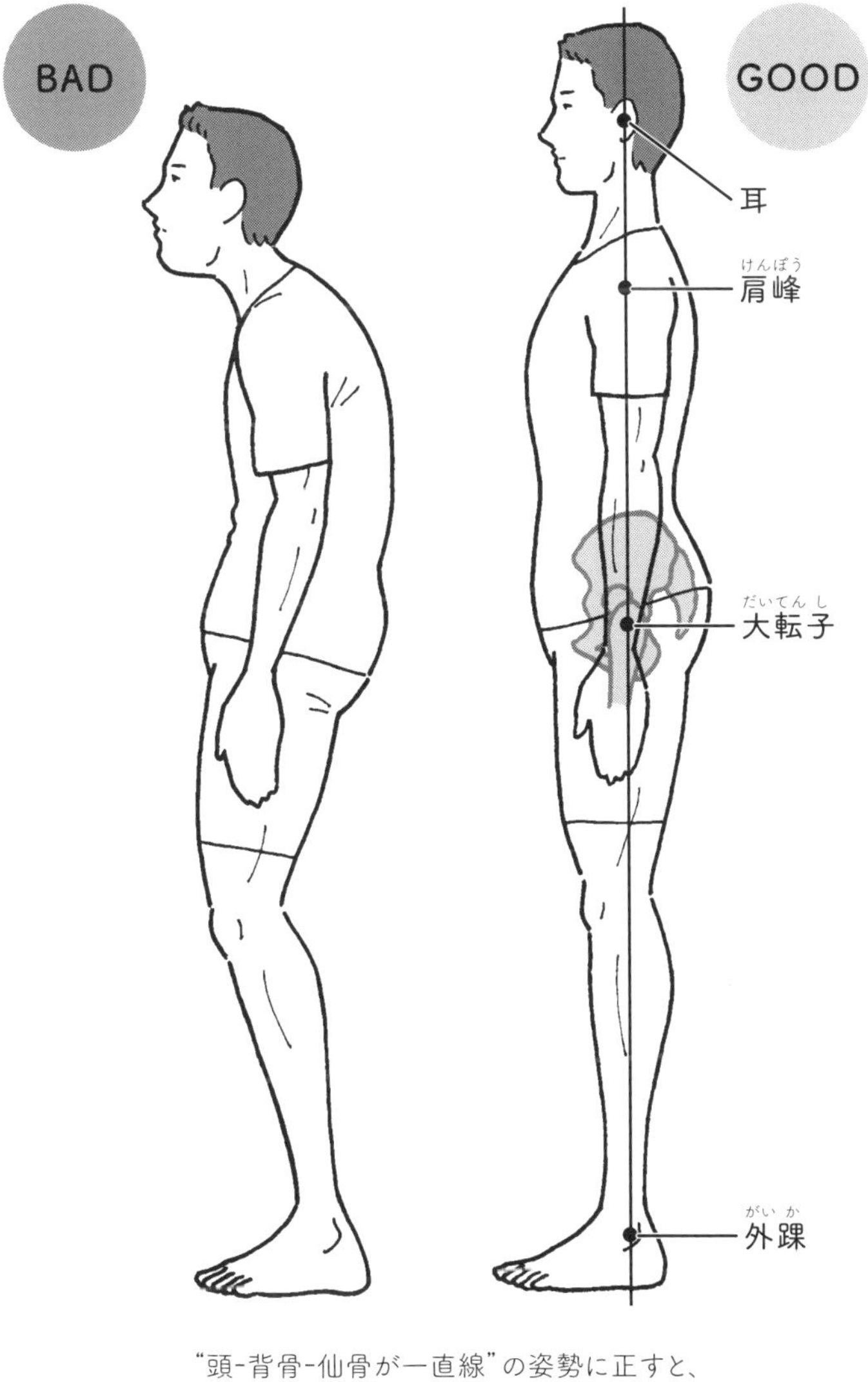

“頭-背骨-仙骨が一直線”の姿勢に正すと、
カラダが動きやすくなる。

やってはいけない「背骨を動かさない」歩き方

歩くときも背骨は重要です。

間違った歩き方をしていると、カラダは動きにくくなり、腰や膝に痛みが起こります。

歩くというと、腰から下、つまり脚だけを動かしているイメージがあるかもしれません。

でも、実は背骨がしっかり伸びたり曲がったりして動かさないと、骨盤や股関節が動かない。股関節が動かないと膝や足首で動いてしまうので、腰や膝の負担となってしまうのです。

たとえば、背骨が丸まった状態で骨盤が後傾すると、ハムストリングスの筋肉が使えず、大腿四頭筋を使って歩くため、膝や腰に痛みが起こったりするわけです。

実際に「歩き方」を見れば、一目瞭然です。

膝関節を使って歩く「間違った歩き方」

膝を曲げて、地面を蹴って、膝でグッと屈曲させて歩く。

↓ステップしたときに膝が曲がる。

↓体重移動したときに膝の屈曲動作で歩く。

↓そうすることによって膝の関節ばかり使って歩く。

股関節を使って歩く「正しい歩き方」

股関節を使って、腸腰筋《ちょうようきん》で脚を前に出し、膝が伸びた状態で体重がグッと乗ってきて、お尻とハムストリングスで体重を前に移動する。

膝が曲がっていないか。膝を伸ばした状態でお尻でちゃんと歩けているか。

肩だけで腕を振っていないか。背骨が動いてねじれて腕を振って肩甲骨が動いているか。以上がポイントです。

どこを使って歩いていますか

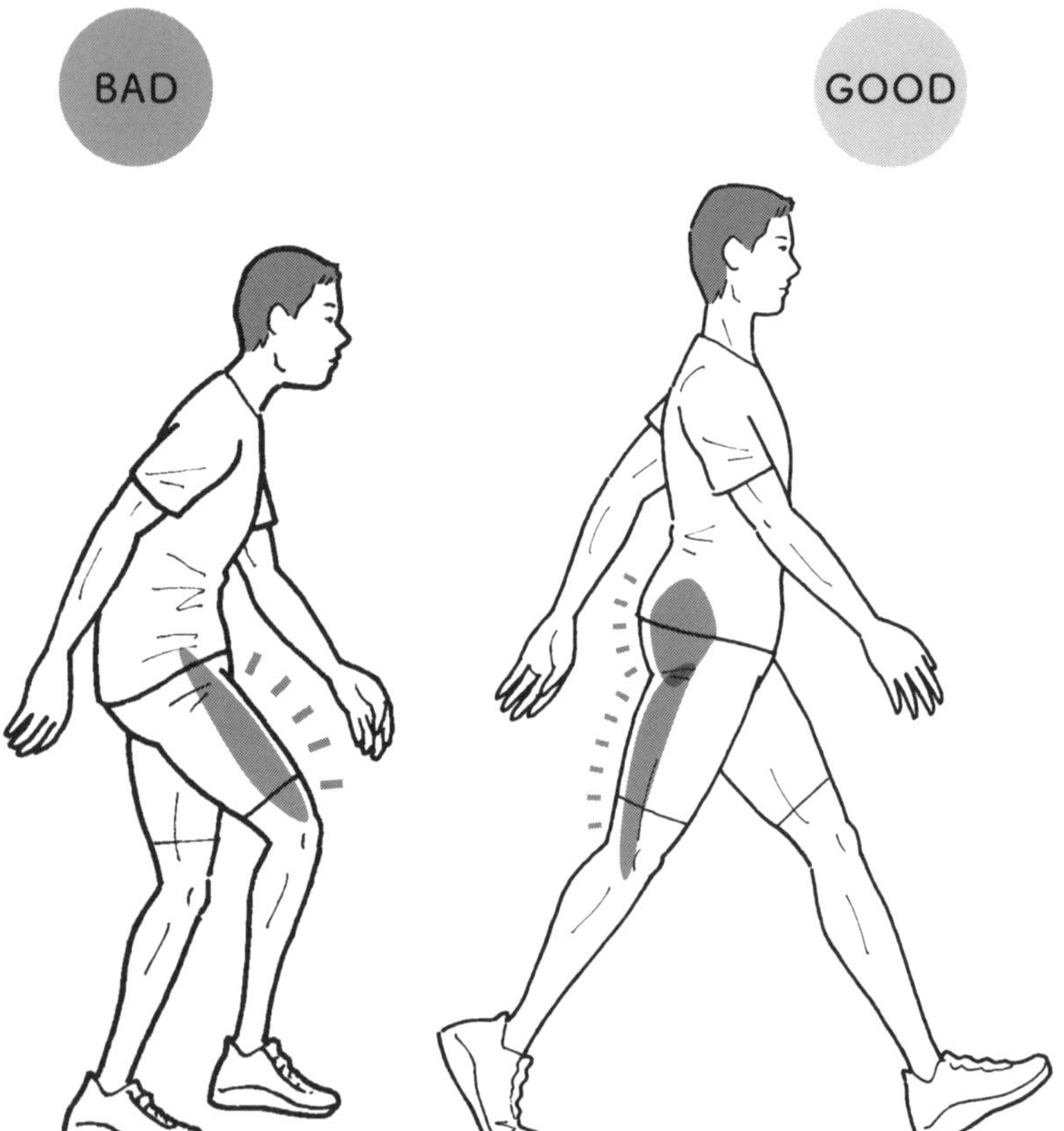

「間違った歩き方」は大腿四頭筋（ももの前側の筋肉）を使って歩くため、膝を痛めやすい。一方、「正しい歩き方」はお尻とハムストリングス（ももの後ろ側の筋肉）を使って歩くため、疲れにくい。

歩き方
解説動画

背骨が硬くなると、自律神経まで悪影響！

背骨が上手に動かなくなってしまうと起こる不調は、整形外科的な外傷だけではありません。実は、**内臓も圧迫されるのです。**

そのメカニズムを解説しましょう。

背骨が丸まり、背骨が反れない、胸を張れない状況になれば、肺を圧迫します。酸素を取り込むことができなくなるために、心肺機能も低下します。

また、肺だけでなく、**胃や肝臓など内臓も圧迫します。**

そして、食事の際に姿勢が悪いと胃を圧迫し、**消化不良を起こしやすくなり、脂肪**

がつきやすくなります。

お腹まわりに体脂肪がつくと、反り腰になって前体重になり、**腰や膝の負担となって痛みを引き起こしたり、体重移動がうまくできないため、カラダの連動ができずに肩や肘の負担となって痛みを引き起こしたりします。**

また、背骨が硬くなると、筋肉だけでなく自律神経も圧迫します。

自律神経には交感神経と副交感神経があり、通常、起きているときは交感神経が優位になり、眠るときは副交感神経が優位になります。

ところが、自律神経が圧迫されると、交感神経と副交感神経の切り替えがうまくできなくなります。

常に交感神経優位になるので、眠れなくなったり、睡眠が浅くなったりする他、高血圧、うつ、精神障害、更年期障害、ホットフラッシュ（のぼせやほてり）などの原因になってくることが多いのです。

睡眠中は、成長ホルモンの分泌が一番高まる時間です。

成長ホルモンは筋肉の修復をするホルモンですから、**質のよい睡眠を取らないと筋肉の修復ができません**。


また、**筋肉の修復には食事も関与します**。

栄養素が足りない、酸性のものばかり食べるなど偏った食事をしていると、筋肉が硬くなったり、痛めている筋肉や関節の炎症が取れなくなったりするので、バランスのよい食事が必要です。


女性疾患や精神疾患の症状に関しては、背骨を柔らかくするエクササイズや、肩甲骨の間の動きというところを体操するなどして背骨をゆるめないと、薬だけでは治らないと私は思っています。

肉体的な痛みや疲労はもちろんですが、**眠れない、なんとなく体調がすぐれない、精神的ストレスを抱えている方も、まず「背骨を整える」ことをおすすめいたします**。

第2章

カラダを「鍛えるトレーニング」より「整えるトレーニング」のすすめ

なぜ、背骨の使い方を変えれば「動けるカラダ」に変わるのか

ウエイトトレーニング＝筋トレではない

スポーツをしている人は、最近はウエイトトレーニングが主流になっています。

ウエイトトレーニング自体はいいのですが、「ウエイトトレーニング＝パワーアップ」と勘違いしている人も多くいます。

確かに筋肉も必要なので筋力アップも間違いではありませんが、最も大切なのは一瞬の「ここぞ」というときに力を発揮するためのカラダの使い方です。

私は**「ウエイトトレーニング＝カラダの使い方」**と教えています。

パワーとは単に筋力ではなく、**筋力×スピード**です。

それに**柔軟性、バランス、リズム、調整力、持久力などが必要**です。

だからこそ、ウエイトトレーニング＝筋トレではなく、その状況に応じて、

- 可動域を上げる
- 左右差のバランスなどを整える
- 筋疲労を回復する
- 練習でのアップ前にほぐしておく
- 筋肉に刺激を入れる
- 神経伝達回路へのアプローチ
- 筋肥大を狙う

など、いろいろなトレーニングをする必要があるということです。

スポーツでパワーを発揮するために、多くの人が野球で強くバットを振る、ゴルフでクラブを振る、全力で走るなど、力を一生懸命入れようとします。

もちろん、力を入れないと筋力は発揮しないのですが、ただ筋肉をつければいいというわけではありません。

最初から力が入った状態では、ここ一番のボールを投げる瞬間の最後のフィニッシュのとき、クラブを振ったインパクトのときなど、その一瞬の力というのがどうしても遅くなります。

つまり、一瞬の力を発揮するための**筋力、スピード、柔軟性、バランス、リズム、調整力、持久力などが必要**になってくるわけです。

ウエイトトレーニングと聞いて一番に思いつくのは「ベンチプレス」ではないでしょうか。

ご存じのように、ベンチの上にあおむけの姿勢で、両腕を伸ばしてバーベルを上げるトレーニング。一般的には、ベンチプレスは胸の筋肉を肥大させる効果があるといわれます。

しかし、私は**胸のトレーニングではなく、背骨の動きをつくるトレーニング**と指導しています。

臀部《でんぶ》とハムストリングスに負荷をかけて、母趾球《ぼしきゅう》（親指の付け根のふくらみ）の蹴りで、瞬発的に力を発揮するトレーニングです。

時には胸郭を広げるトレーニングや体幹を意識させます。

キャンプ後やシーズン中、体のバランスが崩れているときにはウエイトトレーニングで関節の可動域を広げたり、筋肉をほぐすためにやることが多いです。

「ウエイトトレーニングはやらない」と断言する野球の指導者もいます。

確かに年間を通して、また、オフシーズンだけ筋肥大だけを狙うトレーニングなら、やめたほうがいいのです。

ベンチプレス
解説動画

力は入れるより抜くほうが難しい

「力を入れる」以上に大切なのが「力を抜く」ということです。

スポーツ選手も、**筋肉の強さなど力だけで動いている人というのは、とてもケガをしやすいのです。**

「力を抜き、しなやかにカラダを動かせる人のほうがケガをしにくい」と実感しています。

例を挙げましょう。

ゴルフをしている40歳くらいの男性が、「もっと飛距離を伸ばしたい」と私のところにトレーニングに来られました。

膝を曲げた状態で腹筋をしてもらったところ、カラダを持ち上げられないんですね。背骨が硬くて丸まらないので、腹筋を使うことができません。骨盤から背骨まで棒状態になっているために、上に持ち上げることができないのです。

一方で、フィギュアスケートをやっている7歳の女の子に腹筋をやってもらうと、何回でもバンバンやります。

実はこれ、お腹の筋肉の問題ではありません。**背骨の動きが柔らかいからできるの**です。

40歳の男性と7歳の女の子では、明らかに40歳の男性のほうが筋肉はあるはずです。カラダの使い方が大事で、**背骨を上手に使えるから腹筋ができる、上手に使えないから腹筋ができない**、というわけです。

力任せに動いているスポーツ選手は疲労がたまりやすくて、ケガもしやすい。

筋肉もパンパンに張っているので、疲労の蓄積がなかなか取れないというケースがよくあります。

そこで、力が入りすぎている人には、次のような「力を抜く練習」をしてもらうのです。

力を抜く練習をしてみよう

「力を抜く方法」というと、あえて力をグッと入れてポンと抜くというやり方が有名ですが、私は**呼吸法で力を抜く練習**をします。

息をフーッと吐いて、全身の力を抜きます。

ダラーンと座った状態で息を一度吐ききってください。そのあと、大きく吸ってから一つずつの関節や筋肉をイメージしながら力をフーフーと吐いて抜いていきます。

ためしに、ちょっとやってみましょう。

大きく息を吸って、フーッと吐きながら膝の力を抜いてください。

同様に、足首の力をフーッと抜いてください。

背中の力を抜いてください。

股関節の力を抜いてください。

そうすると、全身の力が抜けて、だんだんお尻が下に下がっていくような感じがしませんか。

寝るときに、「息を大きく吸ってフーッと吐く」を繰り返すのも力を抜く練習になります。


「力を抜く練習」は、呼吸法のほか、**コマを使った練習法**もあります。

たとえば、力任せにボールを投げようとする野球選手は、コマを上手にまわせないのです。

紐をくるくる巻いてビュンと投げるコマは、手首、肘、肩が上手に柔らかく動かないと、まわせません。

強くまわそうと思ったら、紐をピュッと引かないといけない。引くことによって回転率が上がり、コマは勢いよくまわります。

このカラダの使い方が、まさにピッチャーがカーブを投げるときと同じ。カーブは、ストレートを投げるときよりも回転数を上げないといけません。投げる寸前、ボールを引っかけると回転がかかるわけですが、ちょうどコマをまわすように引くのです。

トレーニングというと、強く地面を蹴って走るなど、瞬発的に「力を出す」練習ばかりしがちですが、このような「力を抜く」練習——コマを使って、力を柔らかく、しなやかに動かす練習も必要なのです。

間違ったストレッチをしていませんか？

「年とともに脚が上がらなくなる」「カラダが硬くなって動かない」という理由でス

トレッチをする人も多いでしょう。

脚のストレッチ、肩のストレッチなどと言って、「ストレッチ＝筋肉を伸ばす運動」というイメージがありますが、実は間違いです。

ストレッチは、「伸ばす」より「ほぐす」のが一番大事なのです。

たとえば、ハムストリングスのストレッチ。見ていると、みなさん前屈を一方向にしかやっていませんが、様々な方向に角度を変え、関節を変え、筋肉を動かす位置を変えて、硬いところを探してほぐしていく方法が効果的です。

ふくらはぎの腓腹筋は2つが外側と内側とありますし、ハムストリングスという筋肉も4本（大腿二頭筋長頭《だいたいにとうきんちょうとう》・大腿二頭筋短頭《だいたいにとうきんたんとう》・半膜様筋《はんまくようきん》・半腱様筋《はんけんようきん》）あります。

その4本の筋肉のどこが硬いのか、あるいはハムストリングスの起始部（骨盤側：坐骨、大腿骨の後面）が硬いのか、停止部（足側：脛骨《けいこつ》と腓骨《ひこつ》の上端）が硬いのかによって、ハムストリングスをほぐす角度も変わってきます。

形だけやって「ハムストリングスが伸びてるな」というようなストレッチをいくらやっても、思うような効果は得られないでしょう。

その筋肉全体でとらえがちですが、その筋肉のどの部分が硬くてほぐしたいのか、細かい部分を自分でいろんな角度を変えて探して「ほぐす」のです。

ストレッチ解説動画

もう一つの「間違ったストレッチ」は、運動前のウォーミングアップに静的なストレッチをしてしまうこと。

ストレッチには大きく分けて静的なストレッチと動的なストレッチがあります。

寝る前やリラックスするためには、静的なストレッチが効果的です。

静的なストレッチというのは普段、活発に動いている交感神経を副交感神経優位にしてくれます。

逆に動的なストレッチというのは、関節を動かしたり、筋肉を動かすようなストレッチをやることによって交感神経が優位に働きますので、試合前のコンディショニングや、これから仕事をするときに効果的です。

練習や試合前のウォーミングアップは動的なストレッチを行いますが、静的なストレッチをすると逆効果になってしまうのです。

いくつになっても「治そうとする力」を持っている

現在、私は透析病院で70～80歳くらいの患者さんを治療していますが、みなさん、口を揃えて、「もう私たちは歳だから治らないですよねぇ」と言います。

首痛、肩痛、腰痛、ヘルニア、狭窄症、すべり症、膝痛などなど、「お医者さんが手術をしても治らないから、もうこの歳になったら、痛いのは治らないんだ」とあきらめているのです。

そんな方々に私がよくお伝えしているのは、「カラダは年齢に関係なく痛みを治そうとしている」ということです。

たとえば、手をナイフで切ってしまって血が出たとしても、その傷は1週間したらかさぶたになって、2～3週間したらキレイに治っていますよね。人間のカラダは、いくつになっても治ろうとしています。たとえ100歳になってもです。

ところが、カラダが治そうとしているのに、治さないように邪魔しているものがあります。

それは**日常生活**です。

まず**睡眠**。睡眠時に分泌される成長ホルモンは、カラダの組織を治そうとしてくれるホルモンなので、しっかり寝ていないと回復能力が低下してしまいます。

不摂生《せっせい》な**食事**も回復能力を低下させる一因です。栄養が偏ったり不足していたら治りにくいでしょう。

そのほか、今までに述べたような間違った**姿勢**や**動作**、そして**思考**。

私たちは頭で「治らない」と思った瞬間、カラダは治そうとしないものです。「絶対治る」「治すんだ」と思うことによって、カラダは治ろうとしてくれるのです。

以上のように、睡眠、食事、姿勢・動作、思考の間違った習慣が、治す力を妨げる要因となるわけです。

痛みは「安静にする」より「動かして治す」が正解

では、治りが早い人と遅い人では何が違うのでしょうか。

スポーツ選手が一般の方に比べてケガの復帰が早いのは、ズバリ、**筋肉量が多い**からです。

筋肉量が多いということは血液の量が多く、血流がよいということ。

血液がカラダの組織を修復する栄養なので、その量が多いと治りが早いわけです。

そのため、加齢によって筋肉量が少なくなると、治りにくくなります。

だからこそ、「運動して筋肉量を高めましょう」という話になるわけです。

筋肉は動かさないと硬くなります。

痛いから動かさない↓動かさないから筋肉が硬くなる↓血流が悪くなって治らない……の悪循環。

痛いとつい安静にしがちですが、**カラダを動かすことが大事**です。


もちろん、ただやみくもに動かせばいいわけではありません。痛いのに、無理やり痛い関節を動かすのは逆効果になります。

では、どう動かせばいいのか。


それは**痛くないほうに動かせばいい**のです。

肩を上げて痛いなら、下ろす運動をする。

腰を右にねじって痛いなら、左にねじる運動をする。

前屈が痛いなら、後屈する。

後屈が痛いなら、前屈する。

右側屈が痛いなら、左側屈の運動をする。

このように、**痛みの逆方向の運動をする**ことによって、痛みはどんどん取れていくわけです。


もう一つのポイントは、**連動している関節を動かす**ことです。

たとえば膝が痛いのであれば、足首と股関節を動かす。

連動している関節を動かすと、膝まわりの筋肉がどんどん動くという感じです。


整形外科では、よく「安静にしてください」と言われるので、私のところでは「動かしていいんですか?」と聞かれます。

もちろん、間違った動かし方をしたらよけいに痛くなるでしょう。安静にしていれば悪化することはありませんから、運動を推奨しないわけです。

でも、痛みを取るためには、**正しく動かすことが重要**です。

背骨が硬くなり、動かなくなる3つの原因

ここまでお読みいただければ、背骨がいかに重要かが、おわかりいただけたのではないでしょうか。

背骨が硬いから胸郭、肩甲骨、骨盤、股関節の動きが悪くなり、その結果、肩や肘、腰や膝など様々な場所が痛くなる、ということです。

しかし、逆に疑問が浮かんだ方もいらっしゃるかもしれません。

その疑問とは、

「なぜ、背骨が硬くなり、動かなくなるのか？」

ということです。

そもそも、なぜ背骨が硬くなり、動かなくなるのでしょうか。

背骨が硬くなる原因その① 動かさないから

筋肉は収縮したり弛緩したりしますが、動かさないと血流が悪くなり、酸素が足りず硬くなります。

パソコン作業や運転など同じ姿勢を続けていると、筋肉が動かず、緊張によって疲労がたまります。

序章でもお伝えしたように、人間はどうしてもラクをしようとする生き物です。**体幹を使わず、手足だけで必要最小限の動きになり、背骨を使うことを回避してしまい、結果的に、背骨を使わないから硬くなってしまいます。**

日常生活において様々な動作をするわけですが、わざわざ背骨を使わなくても完結してしまう動作はいろいろあります。

序章で紹介した「背骨を動かさずに首だけで右を向く」など、首だけ、手だけ、脚だけなど一部分しか動かさず、背骨を動かさなくなると筋肉が硬くなってしまい、動かないのではなく、やがては動けなくなり、結果的に使った部分に負荷がかかり、そこに痛みが出てしまうのです。

背骨が硬くなる原因その②　ケア不足

スポーツ選手や普段から運動をしている人であれば、背骨も使っているはずなのに、なぜ硬くなってしまうのでしょうか。

それは**「運動前後のケア」をあまりしていない**ことです。

プロやアマチュアで本格的にやっている人であれば、試合や練習後も入念にケアしますが、草野球やテニス、スキーなど趣味程度にやっている人は、準備運動は軽くしていたとしても、終わったあとのケアはあまりしていません。

使った食器や鍋を洗わずに放置していると汚れがこびりつくように、筋肉も使ったあとのケアをしないと硬くなってしまいます。

背骨が硬くなる原因その③　疲労の偏り

トップアスリートであれば運動前後のケアもしっかりしているのに、それでも背骨や筋肉が硬くなるのはなぜでしょうか。

ほとんどのスポーツの場合、左右対称で行うことは少ないので、**利き手や利き足などを使うことで、一方向の負担が増えてバランスが崩れてしまいます。**

プロの世界やアマチュアでも、本格的にやっていてレベルが上がれば上がるほど、一部分に対する負荷がかかるため、硬くなって痛めやすくなります。

強いゴムは、張力が均等になっていなければなりません。

均等だからこそ、引っ張ったときに全体が伸びていきます。

しかし、ゴムの一部分が硬くなっていると、引っ張ったときに硬くなった部分が伸びないために、ほかの場所が無理やり伸びて負担となり、耐久性がなくなり、やがては切れてしまいます。

筋肉も一部が硬くなったり、バランスが悪くなったりすることで無理やり引き裂かれて痛みが起こります。

カラダというのは、骨と筋肉が連動して動きます。

特に**背骨というのはカラダの軸であって、上半身と下半身をつないでいる骨**です。

背骨は一本の骨ではなく、いくつもの骨が連なっています。

その背骨の一本ずつが前後、左右にねじり運動することで、首や腕、脚に連動するわけですが、**動きが悪くなると首や腕、脚に与える影響が大きく、背骨が動かないことによりそれらへの負担となって痛みが出てしまいます。**

だから、**普段から背骨を正しく使う必要がある**わけです。

第3章では背骨の使い方を指導したトップアスリートの実例を紹介し、第4章では一般の方、トップアスリートにも指導した、背骨を正しく使うためのエクササイズを紹介します。

トップアスリートに指導することだから難しそう、きついんじゃないの？　と思われるかもしれませんが、運動、トレーニングといっても、こんなことでいいの？　と思うものばかりです。

トップアスリートでも一般の方でも基本は同じです。

ちょっとした動きを日常生活にほんの少し加えるだけで背骨は動くようになり、体は大きく変化を起こすので、ぜひお試しください。

第3章

野球、サッカー、フィギュアスケート、競輪…

背骨の改善で、結果が劇的に変わったトップアスリートたち

背骨が整うとケガの回復だけでなく、パフォーマンスまで向上する

私はこれまで、一般の方からトップアスリートまで様々な方を治療したり、トレーニング指導してきました。

この章ではトップアスリートがどんなケガをしやすいのか、どう改善すべきなのか、改善すると、どんな結果を残せるのか、実際に治療やトレーニング指導してきた選手の実例をご紹介していきます。

腰痛に悩んでいたバッターが打撃成績上位へ

プロ野球のO選手は3年間腰痛に苦しみ、バットも振れない状況で、私が治療する前の年は年間20試合ほどしか出場できていませんでした。

ボールを打つ瞬間、体を後ろに反らすようなスイングをする打ち方だったため、腰にものすごく負担がかかっていたのです。

実は、彼の場合、**力の入れ方を変えただけ**です。

腰痛を起こしている腰の筋肉の緊張を取るには、その「拮抗筋《きっこうきん》」であるお腹の筋肉を収縮させる。彼の場合は腹斜筋に力を入れるようにしました。

拮抗筋という言葉を聞いたことはありますか？

人のカラダは、拮抗筋と言って、たとえば前側の筋肉が縮こまると後ろ側の筋肉がゆるみます。

反対に後ろ側の筋肉が縮こまると、前側の筋肉がゆるむというように、拮抗筋と呼ばれる反対側に動く筋肉があります。

肘を曲げるとき、腕に力こぶができますね。そのとき、力こぶの筋肉である上腕二頭筋（主動筋）は収縮し、反対側の筋肉である上腕三頭筋（拮抗筋）はゆるみます。

腰の筋肉が硬くなって痛みを起こしている場合、いくら腰をもんだり、鍼を打ったりしてもなかなかよくならないケースがあります。その場合、拮抗関係にあるお腹に力を入れると、腰部の緊張がゆるむことがあります。

私は彼のバッティングフォームを見て、腹斜筋に力を入れることを提案しました。ただ、「腹斜筋に力を入れてみ？」と言っても、わかりません。O選手は「力の入れ方がわからへん」と言います。

そこで私は、「お腹をちょっとへこませて硬くしてみて。で、インパクトの瞬間、そこに力を入れてみて」とアドバイス。

すると、それまで腰でバットを振っていた彼のバッティングフォームが変わりました。

腰を反って打っていたのが、腹斜筋を使って骨盤をまわしてバットを振ることにより、背骨を軸にして回転できるようになり、腰ではなく、お尻で押し込むようになって、まず腰の痛みはなくなりました。

ちなみに彼はものすごく筋力がある選手でしたが、その分、スピードがなく、カラダのキレが悪かったのです。

バッティングにおけるパワーというのは、単に筋力があればいいわけではありません。筋力とスピードを掛け合わせたものがパワーです。

ところが、背骨が使えるようになると、腰の痛みがなくなり、劇的にスピードがアップしました。

カラダの連動ができるようになり、次の年から一軍で活躍するようになったのです。そればかりか、その年のパ・リーグ個人打撃成績ではいきなり上位にランキング入り。打率、長打率、出塁率ともに好成績を残したのです。

バッター
解説動画

オリンピック出場を勝ち取ったフィギュアスケート選手

まえがきで紹介したフィギュアスケートのT選手が私のもとに来られたときは、フリーの4分半（現在は4分に短縮）を滑るなかで、3分間しか脚が持たないという悩みがありました。

後半になると大腿四頭筋がパンパンになりジャンプの着地ができない、脚がもつれて転んでしまう……。そのため、下半身と体幹の強化をし、バランスをよくしてほしいというご要望でした。

ところが、本人が「弱い」と思っていた体幹は、実は強かったのです。私が今までに関わったアスリートの中では、もう1位か2位を争うほどのバランス力をすでに持っていたのです。

ただ一つ気になることがありました。体幹トレーニングをしてもらうと、どちらかというと「背骨を固める」ようなトレーニングをしていたのです。

そのためか、背骨が硬い。当時のトップ選手の動きと比較してみると、肩甲骨の動きが悪く、胸郭があまり動いていませんでした。

かなり**背骨が硬く、胸郭、肩甲骨、肩関節、腕の動きが悪いため、うまく連動していない**のです。

また、彼は身長があまり高くない選手でしたので、競技的に体を大きく見せるために、肩甲骨や胸郭の動きをよくして、手を大きく伸ばしたりする必要があります。

しかし、肩甲骨の前鋸筋《ぜんきょきん》というところがあまり動かなかったのです。そこで私はもっと背骨が動く↓胸郭が動く↓肩甲骨が動く↓股関節が動く……と、背骨を介して連動するトレーニングをやってもらい、結果的に肩甲骨の前鋸筋を動くようにしました。

また、今までジャンプや着地のときに脚の大腿四頭筋を使って、膝の曲げ伸ばしで飛んでいたのを、**股関節と背骨のひねりを使って飛ぶように指導**しました。そうすることによって、お尻の筋肉である臀筋《でんきん》とハムストリングスがうまく使えるようになって、大腿四頭筋をあまり使わずにすむようになります。

その結果、4分半を滑りきることができるようになったのです。

大腿四頭筋を一極集中でバンバン使って跳んで着地をしていたら、「そりゃあ、大腿四頭筋も疲れ果ててしまって、後半は使えへんやろ」という感じです。

じゃあ、股関節と背骨のひねりを使って飛ぶって、どういうこと？　と思われるかもしれませんね。

右脚でジャンプする場合を例にとって説明しましょう。

「右脚の膝の屈曲、伸展で飛ぶ」のではなく、「振り子のように左脚を使って飛ぶ」のです。上半身を使って、右膝を曲げて、ハムストリングスとお尻の筋肉を使って飛びながら、逆の脚である左脚で振り子のように、振り上げるわけです。

こうして背骨の動きと筋肉の使い方を効率的なものに変えることによって、4分半滑りきることができるようになっただけでなく、みるみる成績は上がり、ついにはオリンピックに出場するまでになりました。

サッカー日本代表選手の肉離れと背骨の相関関係

プロサッカーのD選手は、U－21（21歳以下の日本代表）の試合中、ハムストリングスを痛めました。

D選手は非常にハムストリングスの柔軟性がある選手で、私が今まで触ったアスリートの中でも、すごく柔らかくて質のよい筋肉をしていました。

ところが、**遠征が続いたことで疲労がたまり、全身のコントロールができなくなっていて、背骨の伸展動作や骨盤の動きも悪く、体の機能が低下**していたので、ターンのときに体がうまくねじれずに肉離れを起こしてしまったのです。

すぐ海外に帰る予定のため、「軽いジョギングくらいはできるように持っていきたい」という要望でしたが、たった1回の治療でほぼほぼ痛みは取れて、8割くらい走れる状況で海外のチーム合流に間に合ったのです。

そのとき行ったトレーニングを紹介しましょう。

トレーニングといっても、膝を曲げるとハムストリングスが痛むので、まずは膝を伸ばした状態で筋肉に力を入れたり、抜いたりする。うつぶせで膝を持ち上げ、ハムストリングスを収縮させる。そして、ゆるんできたところで、膝の曲げ伸ばしの運動も入れていくようなやり方です。

トレーニングというよりは、アスリハ（アスリートのリハビリ）でしょうか。

ともあれ、その後は大きなケガをすることもなく、順調に結果を残して2022年ワールドカップの日本代表に選出され、大活躍しています。

二軍クビ寸前から一軍へ。奇跡の復活を果たしたプロ野球選手

元プロ野球選手で、現在はバッティングコーチをしているSさんは、現役時代に診ていた選手の一人です。

私が指導するときはすでに半月板《はんげつばん》の手術を2回していて、二軍生活を送っていました。キャンプ中に痛みが再発して走ることもできなくなり、3度目の手術をしないといけないかもしれないという状況。

膝のチェックをすると、45〜60度くらいしか曲がらず、足を引きずって歩くような

感じだったのです。

膝痛の原因は、実は背骨にありました。**背骨が硬くて回旋運動ができないため、バッティングのときに股関節が動かない。そのため膝が内側に入ってしまう（ニーイン）ことで膝への負担となっていた**のです。

手術をしてもまた膝を痛めていたのは、この背骨と連動する関節が動いていない「膝の負担となる打ち方」をし続けていたからです。

「手術を2回もして治らないのだから、また手術しても治らないよ。3カ月で復帰させるので、私とリハビリをやってみませんか？」

私はそう言って、彼の根本問題である背骨を改善するトレーニングが始まりました。

二軍の選手で、年内に結果を出さないと契約解除になる危険性があります。そのためには3カ月で膝に負担がかからないバッティングフォームに変える必要があったのです。

背骨が硬く、一本の棒状態となって背骨と骨盤が同時にまわってしまうから、膝に体重が乗ってしまう。

だから股関節、骨盤、背骨、胸郭、肩甲骨が順番にねじれるように背骨の動きをつくっていきます。

余談になりますが、ゴルファーがスイングするときの動きも基本は同じです。

背骨が棒状態になっていると、骨盤と背骨が一緒に回転してしまうので、クラブとヘッドとカラダが一緒にまわってしまいます。しかし本来、上半身と下半身は一緒に動いてはいけないのです。

「テイクバックのときに骨盤から下は動いたらあかん」と言います。逆に、トップからインパクトは、下の骨盤がまわってから、背骨が一本ずつまわってきて、最終的に胸郭が動いて、肩甲骨がグーッと動いてヘッドが出てくるというイメージです。

背骨が動くようになり、股関節が上手に使えると、関節の連動ができるようになり、

膝への負担はなくなって痛みもなくなり、約束の3カ月もかからず現場に復帰できました。

二軍では絶好調で、すぐに一軍に上がり、代打で結果も出してスタメンとなり、その後はクリーンナップ（打者の中心選手）も任されるようになって翌年以降も活躍しました。

背骨の改善をきっかけに、クビ寸前の状態からその後10年以上、現役を続けられたのです。

球速150キロに上げてドラフト1位へ

背骨を整えると球速まで上がります。

2021年にドラフト指名されたC投手は、大学入学当初は140キロも出ていなかったのが、大学4年のときには150キロ以上の球を投げられるようになりました。しかも、彼は高校のときに肘の手術をし、慢性的な腰痛にも苦しんでいたため、入学時はリハビリから始めました。

彼もまた背骨が硬く、連動がうまくいかないために肩の力だけで投げていたので、肩や肘に負担がかかっていました。

そこで、**背骨と股関節のねじりをつくる**ことにより、下半身の力を上半身に伝えることができるようになると、肩や肘の痛みも出なくなりました。

股関節を使ってしっかりねじり込んで、腕を振るというよりは、骨盤をまわすことによって、腕がついてくるというような投げ方ですね。

大学3年のころには細かったカラダも大きくなり、体重移動がうまくできるようになっていたので、脚を上げてステップして体重移動をするというようなトレーニングを指導。

その結果、大学4年のときには150キロ以上の球で三振の山を積み重ね、プロの評価を得て、ドラフト1位で複数球団から指名を受けてプロ入りを果たしたのです。

肘を痛める前に膝を痛めるピッチャー

ボールを投げすぎることで肘を痛める（病院では**「野球肘」**と診断されます）投手が多いのですが、私の経験則では肘を痛める投手のフォームは、膝の使い方が悪い投手が多いように思います。

現在、メジャーリーグで活躍してMVPを獲得したあの有名投手も、肘を痛める前に膝を痛めていました。膝を痛めた結果、肘の負担になっていたと推測します。

肘と膝の連携を取っているのが背骨です。

背骨が正しく動き、下半身から上半身へ力を上手に伝えることが、肘と膝の痛みの

解消には大切なことなのです。

プロ野球の投手だったIさんを例に紹介しましょう。

現役時代に肘の手術をしましたが、それでも痛みが取れず、私のところにやってきました。

まずは主訴である肘（1年前にトミー・ジョン手術）の治療をしているときに肩の痛みがあると言われ、他には？　と聞くと、実は、肘の手術の半年前に膝の半月板の手術をしたと言います。

カラダ全体の状態を調べると、案の定、背骨と股関節の動きが非常に硬い。

そして、スクワットやジャンプをしても膝は痛くないし、全力で走ることもできる。

しかし、投げる動作をするときに軸足の膝に体重をかけることができず、前に体重移動ができないのです。

どういうことかというと、ボールを投げるときにステップした足の股関節をまわす（内旋）↓骨盤をまわす（内旋）↓肩をまわす（内旋）という順番にカラダを動かしていきますが、背骨が硬くて股関節の動きが悪い分、膝でねじり込んでいたのです。それを繰り返すうちに、膝の負担となり、痛みが出てしまいました。

膝が機能しなくなって、体重を乗せられず、下半身から上半身の連動ができていないため、肩の力だけで投げていたので、肩や肘を痛めたという状況でした。

背骨の動きをつくり、股関節の柔軟性を出していき、下半身から上半身への連動をスムーズに行うことで、痛みは出なくなっていったのです。

ピッチャー①
解説動画

ルーズショルダーは「手術なし」で治る

元プロ野球投手で、現役時代は、右肩の「ルーズショルダー」に悩まされていたYさんは、医師から「関節に負担がかかるから手術しなくちゃいけない」と言われていました。

肩の関節が普通よりも大きく動くため、肩がゆるくなって（ルーズショルダー）痛みが出てしまうのです。肩しか診ない医師は手術をすすめますが、本人は「手術はしたくない」ということで私のところに来られたわけです。

ルーズショルダーの人は、人より肩関節がゆるいから悪いわけではなく、肩関節の可動域が人より大きく動くから、最速150キロものボールが投げられるとも言えます。

ただ、彼の場合、メタボ体型で、背骨と連動する骨盤や股関節等をうまく動かさずに、肩関節だけで150キロ近いボールを投げていましたから、肩を痛めるのも当然です。

そこで、ダイエットしてお腹をへこませて体重移動できるように、足首↓膝↓股関節の順番に動くようにし、最終的に骨盤と背骨をねじれるようにして、カラダを連動させてボールを投げられるようにトレーニングしました。

肩関節だけでなく、ほかの関節、**特に背骨と股関節を上手に使うことによって、肩にかかる負担を分散させたので、痛みもなくなりました**。

手術をしなくてもまったく問題なく投げられるようになり、一軍に復帰後、その年の後半だけで7勝をあげて活躍。その後も肩の手術をすることなく、中継ぎ投手として長くプレーできたのです。

ピッチャー②
解説動画

競輪選手のゴールの瞬間

競輪のM選手はウエイトトレーニングで筋肉を肥大させてカラダが動けない状況になっていました。

競輪選手は最後のゴールのときに、頭を下げて自転車を前に押し込みます。その際、**パワー（筋力とスピード）だけでなく、肩甲骨の柔軟性が大きなカギ**を握ります。

ところがM選手は肩甲骨が動かないために、自転車を前に押し出す〝最後のひと押し〟ができなかったのです。

背骨が動かないと肩甲骨と胸部が動きません。

また、**自転車は膝でこぐのではなく、股関節で押し込むようにこぎます**が、背骨が硬いと骨盤が上手に動かず、股関節もうまく動かないわけです。

人によって自転車に乗る角度が違うので、自転車を押し込むタイミングも変わってきますが、ハムストリングスだけではなく、大腿四頭筋を使って引き上げる動作、腸腰筋の力も大事になってきます。

自転車をこぐときに肩甲骨を動かしながら股関節を動かす。それを連動させるための**背骨の動き、柔軟性が大事**になってくるのです。

M選手は背骨の柔軟性をつくり、肩甲骨で自転車を押し出すことができるようになると、みるみる成績を伸ばし、選ばれし者しか出場できないKEIRINグランプリ（年末に行われる日本一決定戦）出場を果たしました。

第4章

背骨を整える7つの1分間エクササイズ

家でできるカンタン背骨の運動習慣

家でできる背骨の運動習慣

背骨の動きが硬くなる原因は、**「背骨を動かさない」**からです。

第1章でもお話ししたように、人間は無意識にラクをしようとします。背骨を使わなくても手足や首だけ動かせばできてしまう場合、わざわざ背骨を使うことはありません。だから、結果的に背骨が動かず、硬くなってしまうのです。

それを解消するためには、やはり意識的に背骨を動かすしかありません。背骨の運動習慣を身につけることで、**背骨が動くようになり、様々なカラダの痛みや不調を改善し、さらにはスポーツや仕事のパフォーマンスを上げる**ことができるのです。

この章では、私がアスリートだけでなく一般の患者さんにも指導している「背骨の1分間エクササイズ」をご紹介しますので、ぜひ毎日実践してみてください。

私は常々、アスリートはもちろん、一般の方にも**【運動】の重要性**を訴えています。アスリートや普段からスポーツをしている人からすれば、【運動】と聞くと、「いつもしているよ」と思われるかもしれません。

しかし、カラダに痛みや不調がある場合、カラダを動かしているつもりでも、正しく使えていないケースがほとんどです。

カラダを正しく使うために最も重要なのが背骨の動きです。

背骨が屈曲と伸展（前後）、側屈（左右）、回旋（ねじり）が柔軟に動かないと、様々な関節の連動がうまくいかず、痛めている箇所の負担になっています。

肩の動きにしても腰の動きにしても脚の動きにしても、背骨が動かなければ骨盤や肩甲骨が連動しません。

つまり、【運動】とは、単にカラダを動かすことではなく、**「カラダ（背骨）を動か**

すことにより、骨、関節、筋肉が連動し、神経や血流が滞りなく全身に巡る」ことだと私は考えています。

また、普段は運動をしていない人からすると、【運動】はきつい筋トレをしたり、長い距離を走ったりといったハードなことをするように思われるかもしれません。

アスリートが高いパフォーマンスを発揮するためにはハードなトレーニングも必要ですが、一般の方がケガの回復、健康維持・増進のために行う【運動】は、パワーアップでもスピードアップでもありません。

カラダを上手に使い、硬くなった筋肉をほぐし、神経や血流の循環をよくすることが目的です。とても簡単なエクササイズばかり紹介しますので、ご安心ください。

今回、私が指導するトレーニングやエクササイズの中でも、特にやっていただきたい基礎中の基礎7つに絞りました。

まずは背骨の伸展、屈曲、側屈の基本エクササイズ4つ。そして初級（運動習慣のない人向け）編と上級（運動習慣がある人向け）編を3つずつ加えました。

基本の4エクササイズ＋レベル別の3エクササイズ＝計7つのエクササイズです。

エクササイズは、なるべく「朝晩」、理想は寝起きと風呂上がりの2回行ってください。もちろん、毎朝晩以外でも仕事の合間やちょっとした空き時間に行うとより効果的です。

ポイントは、「背骨が動いているイメージを持つ」こと。

そして**筋肉を「伸ばす」のではなく「ほぐす」**ことです。

硬くなった筋肉を無理に伸ばそうとすればケガの元です。背骨を動かし、硬くなった筋肉を呼吸をしながら気持ちよくほぐすように行ってください。

イラストだけではやり方がわかりにくいかもしれません。QRコードから解説動画をご覧いただけるようになっていますので、ぜひ参考にしてください。

基本
エクササイズ
❶

「肩甲骨・胸郭まわし」で背骨を整える
――立ち姿勢で肘をまわし、肩甲骨と胸郭を動かす運動

「肩甲骨と胸郭をまわす運動」です。肩甲骨だけでなく、胸郭も意識して動かすようにしましょう。

方法

1. 立った状態からカラダを少し前に倒します（このとき、背中は丸めず、頭から仙骨まで一直線になるように）。
2. 親指を立てて肩の真上にくっつけます（肩の前にならないように）。
3. 肘で円を描くようにゆっくりまわします（肩甲骨だけでなく、胸郭もしっかり動かす）。

基本エクササイズ①
「肩甲骨・胸郭まわし」で背骨を整える

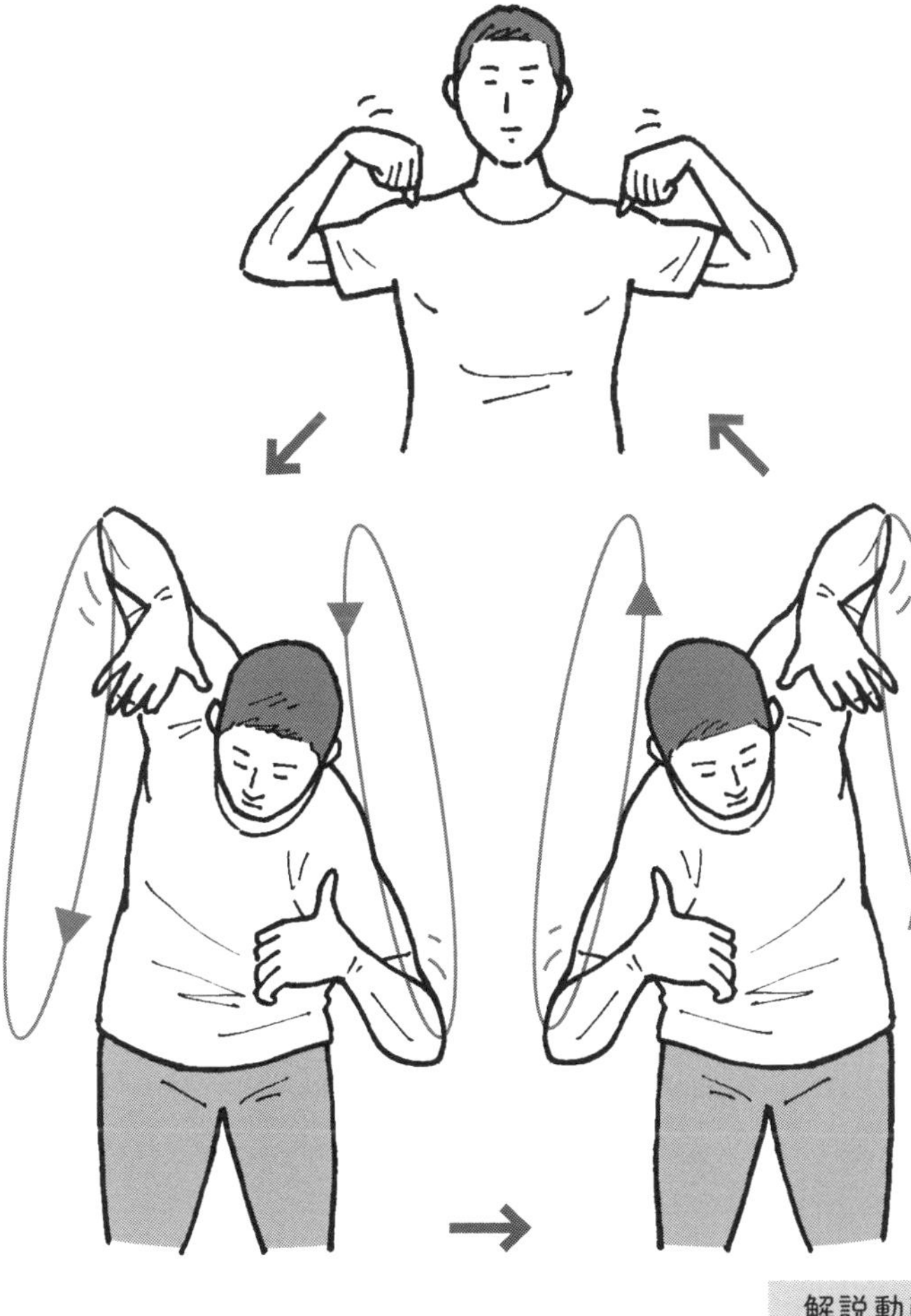

親指を肩の上につけ、
肘で円を描くように、まわす（逆まわしも）

解説動画

④前まわし、後ろまわしを10回ずつ3セットほど行います。

注意点

- 背中を丸めないこと。
- 肩甲骨だけでなく、胸郭をしっかり意識すること。
- 立ち姿勢、立ち膝、座ってもOK。

基本エクササイズ②
「タオルエクササイズ」で背骨を整える
――立ち姿勢で、骨盤から背骨を伸ばす運動

「背骨の側屈・回旋・伸展・屈曲運動」です。骨盤から背骨をしっかり伸ばすようにしましょう。

方法

1 タオルの端と端を持って、バンザイして立ちます。
2 横に倒します（左右に10回ほど）。《側屈》
3 左右に回旋します（10回ほど）。《回旋》
4 後ろに反らす、前に丸める、を繰り返します（10回ほど）。《伸展・屈曲》

注意点

- タオルは肩幅くらいに持つのがベストだが、はじめは広めに持ってもOK。
- はじめは側屈、回旋、伸展・屈曲を別々に行ってもOK。
- 肩だけで動かすのではなく、骨盤からしっかり背骨を動かすこと。
- ゆっくり大きく動かすこと。
- 呼吸を止めないこと。
- 反らすときは肩甲骨から（腰を反らすと腰痛の原因になるので注意）。
- タオルではなく、ゴルフのクラブや硬い棒でもOK。

基本エクササイズ②
「タオルエクササイズ」で背骨を整える

1 タオルを持ってバンザイ

2 横に倒す

3 左右に回旋する

4 背中を反る・丸める

解説動画

基本
エクササイズ
3

「膝倒し」で背骨を整える
――あおむけで、膝を立てて左右に倒す運動

「骨盤と背骨をねじる運動」です。いくつも連なっている骨を一つずつ連動して、ねじるよう意識しましょう。

方法

1 あおむけに寝て、膝を立てます（このとき、両手は広げます）。
2 膝を左右交互に倒します（このとき、骨盤と背骨をねじります）。
3 首は倒した膝の逆を向き、背骨をねじります。
4 ゆっくり10回ほど行います。

基本エクササイズ③
「膝倒し」で背骨を整える

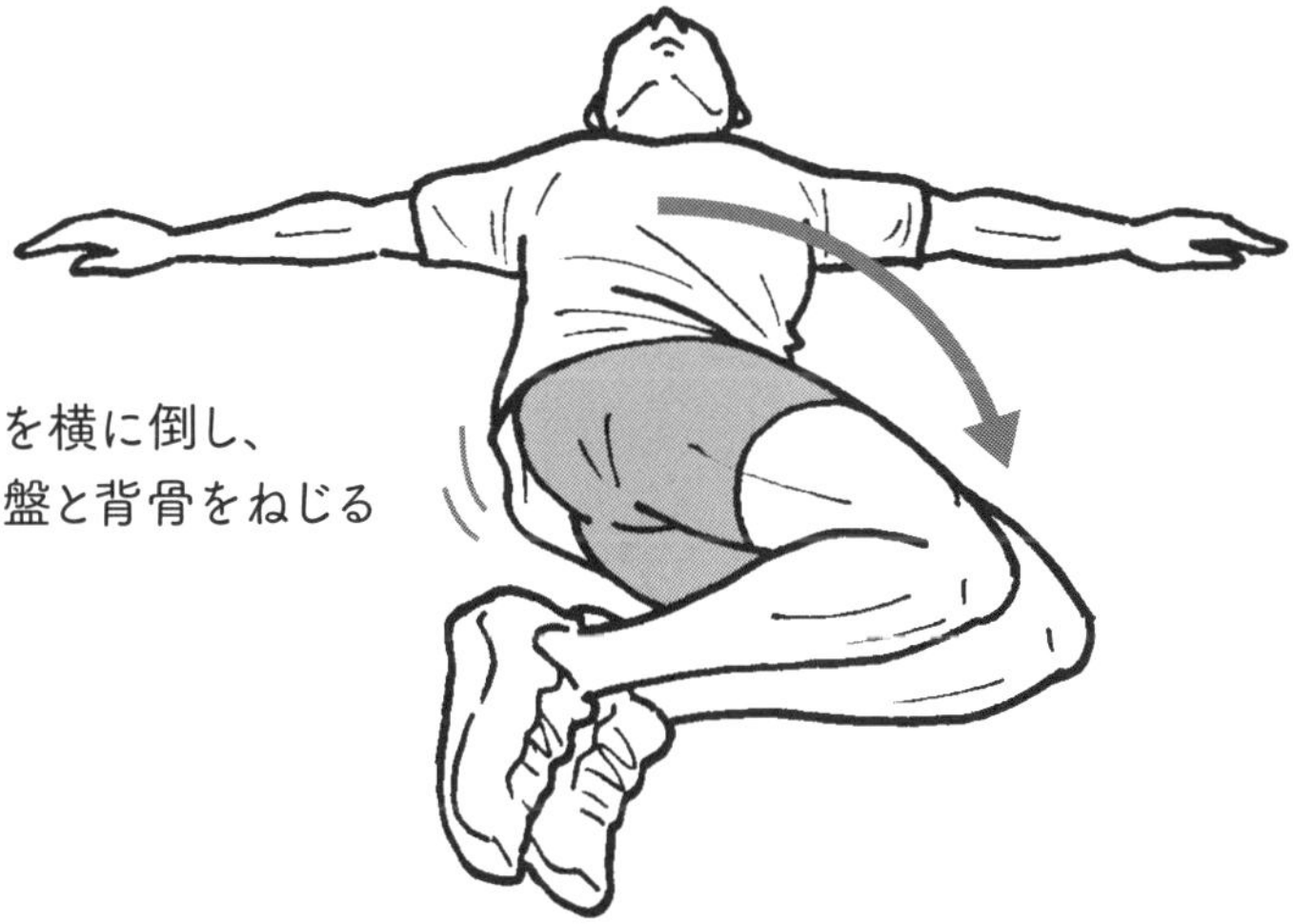

膝を横に倒し、
骨盤と背骨をねじる

解説動画

注意点

● ゆっくり、大きく行うこと。
● 膝はくっつけず、軽く開くこと。
● 呼吸は止めないこと。
● 多くの回数はやらないこと。

基本エクササイズ ④

「かかと伸ばし」で背骨・骨盤を整える

――あおむけで、骨盤を左右に動かす運動

「骨盤を左右に動かす運動」です。

方法

1 あおむけに寝て、つま先を立てます。

2 骨盤から脚を伸ばし、かかとを伸ばします。

3 左右にゆっくり10回ほど行います。

注意点

- ゆっくり行うこと。
- 呼吸は止めないこと（止めると力んでしまう）。
- 膝がしんどい方は曲げてもＯＫ。

基本エクササイズ④

「かかと伸ばし」で背骨・骨盤を整える

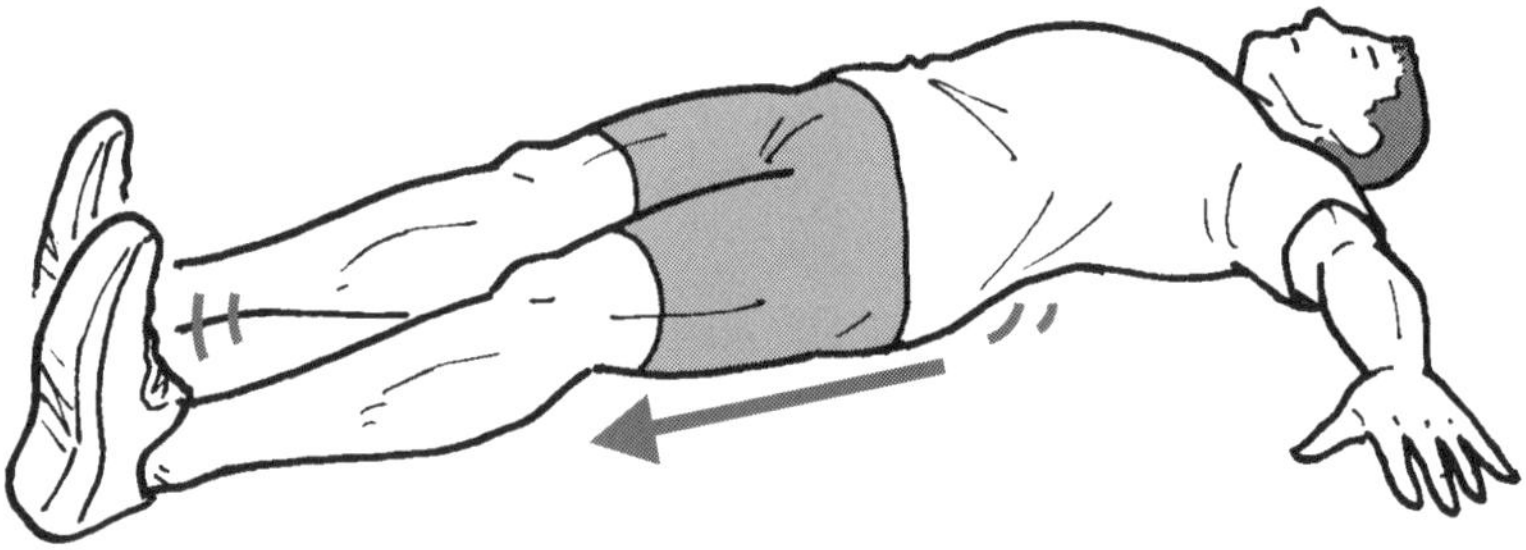

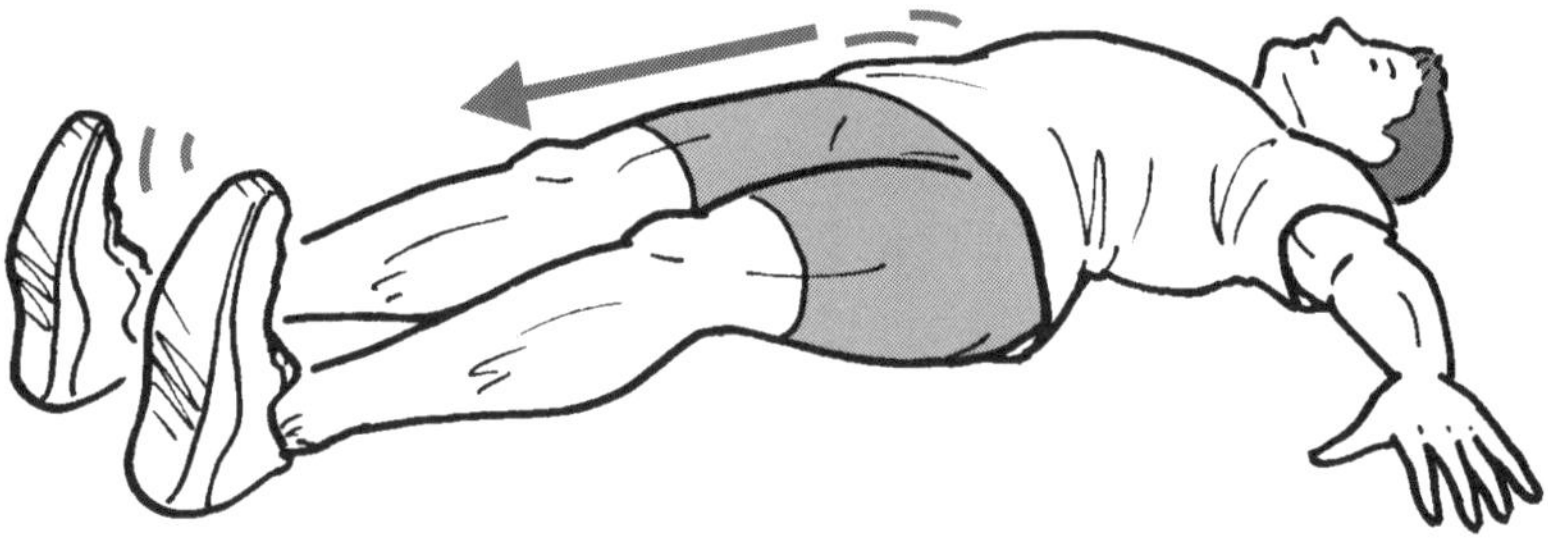

片足のかかとを骨盤から下に伸ばす

※骨盤を大きく動かすことで背骨も動く

解説動画

自分のレベルに合わせてエクササイズをしよう

まずは基本のエクササイズを4つご紹介しました。

次に、**普段は運動をしていない方向け（初級編）**、**普段からスポーツをしている方向け（上級編）**、**アスリート向けのタイプ別にエクササイズ**をご紹介いたします。

同じ病名や症状だとしても、トップアスリート、スポーツ愛好者、運動をしない人では、痛みが起こる原因や対処法はその方のレベルによって変わってきます。

たとえば腰痛。腰が痛いという意味では同じですが、痛みが起こる原因や痛みのレベルは人それぞれであり、改善方法もまた人によって変わります。

基本のエクササイズに加え、自分のレベルに合わせたエクササイズを加えることで、高い効果を得ることができます。

初級
エクササイズ
❶

「ボールを使って」背骨を整える
――ボールを下敷きにして、背骨を動かす運動

「背骨をゆるめる運動」です。背骨の硬い方、特に後ろに反ることが苦手な方におすすめです。

方法

1. 小さいボール（百均で売っている直径15センチぐらいのもの）を腰（骨盤の上）に置いて寝転がります。
2. 30秒ほどじっとしているだけでOK。
3. ボールを背中の真ん中くらい（肩甲骨の下くらい）に移動させ、30秒間じっとしているだけでOK。

初級エクササイズ①
「ボールを使って」背骨を整える

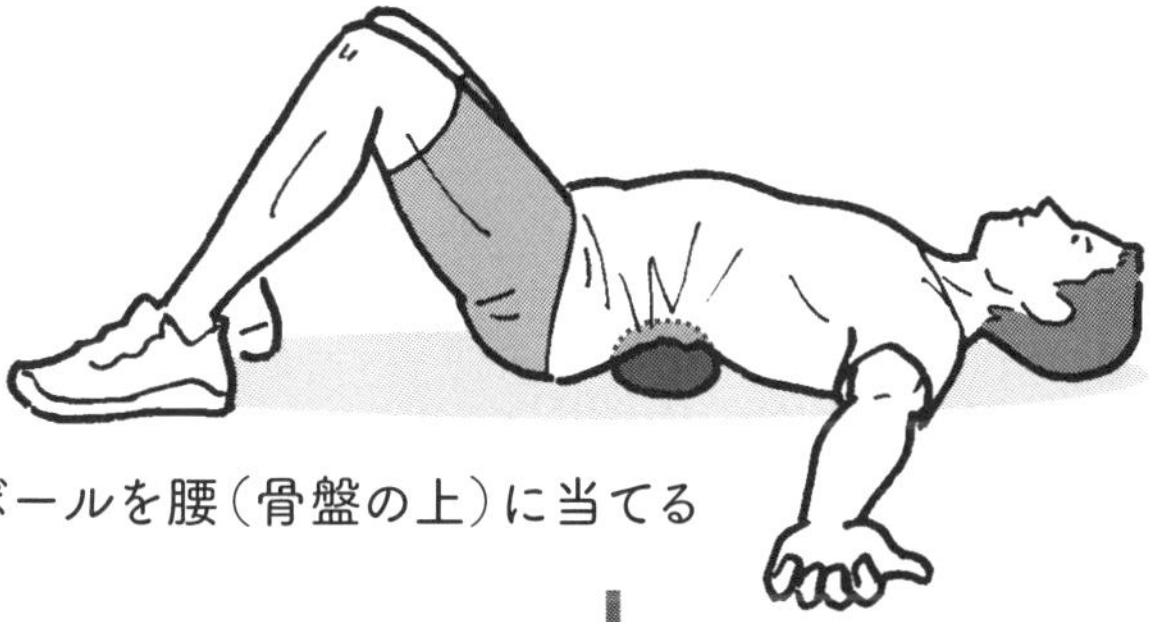

ボールを腰（骨盤の上）に当てる

↓

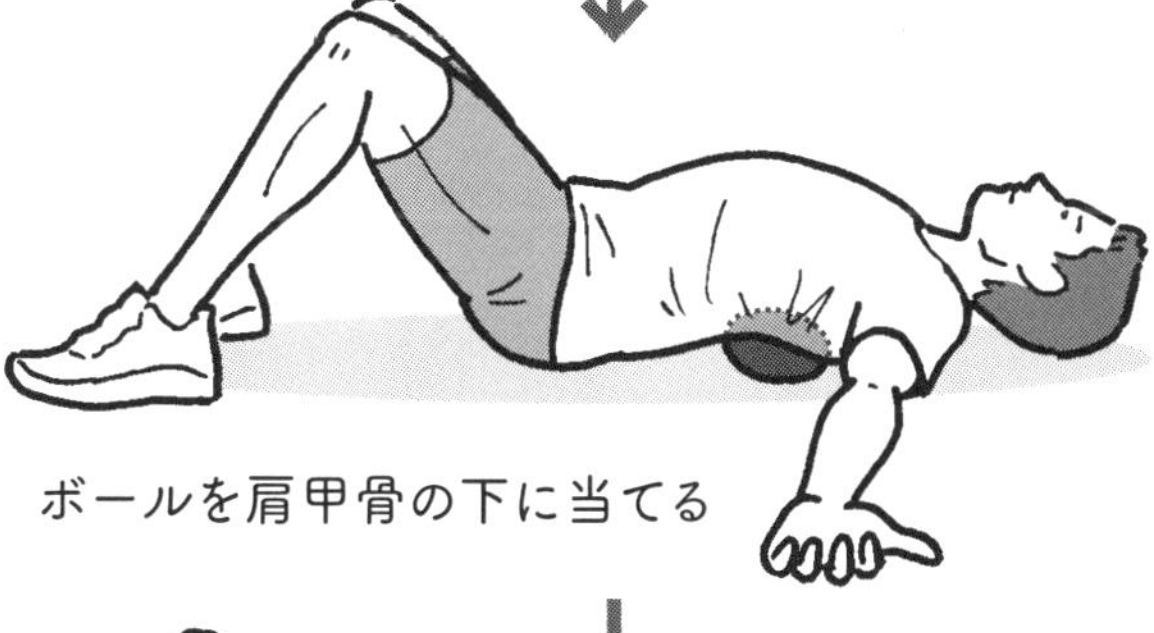

ボールを肩甲骨の下に当てる

↓

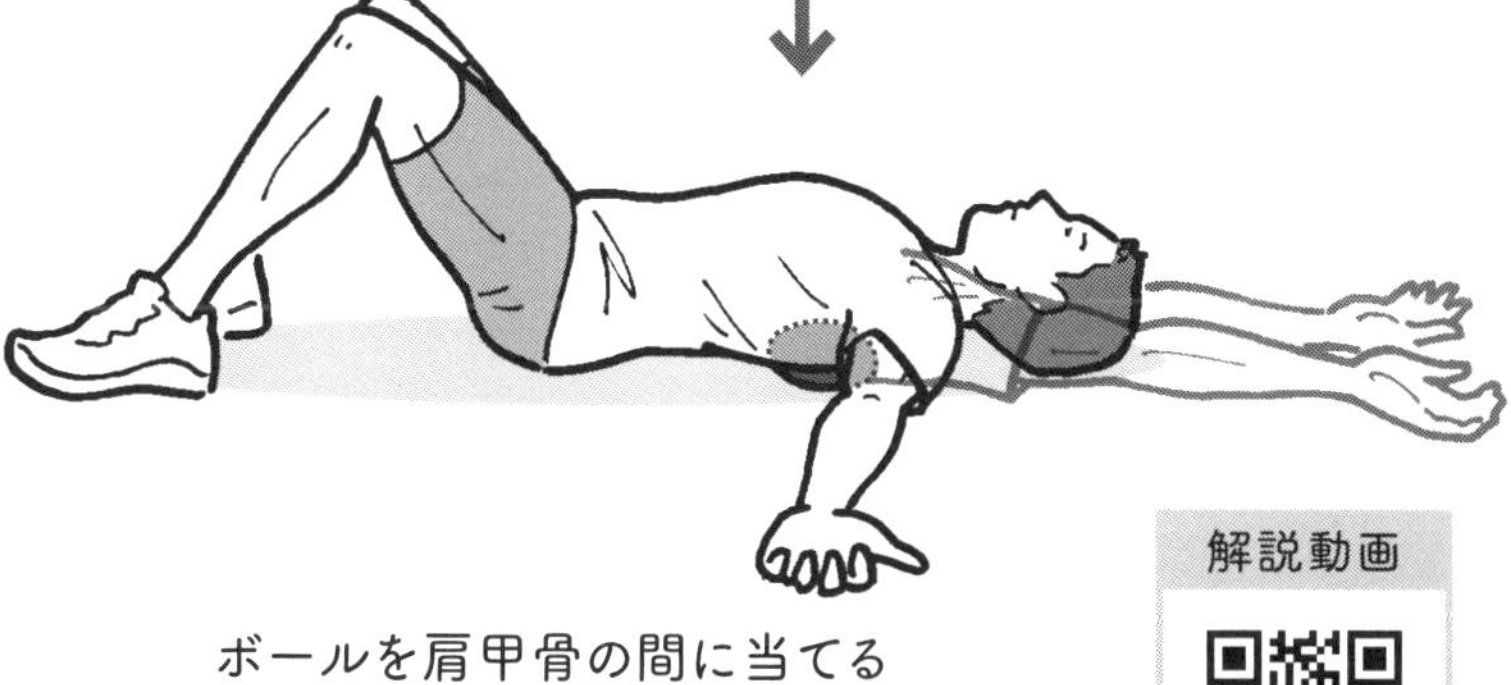

ボールを肩甲骨の間に当てる

※バンザイをすると、より背骨が伸展する

解説動画

4 ボールを肩甲骨の間に移動させ、30秒間じっとしてるだけでOKです。

5 3カ所を3セット行いましょう。

注意点

- 力を抜いてリラックス。
- 呼吸を止めないこと。
- 手をバンザイすると背骨はより伸展する（つらい人は下ろしてもよい）。
- 膝は立てること（膝を伸ばすと負荷がかかりすぎになる）。

初級エクササイズ②

「側屈運動」で背骨を整える
——立ち姿勢で、脇腹を伸ばす運動

「背骨と脇腹を伸ばす運動」です。横から見たときに背骨がキレイな「アーチ」を描

くようなイメージで行いましょう。

方法

1 立ち姿勢で壁や手すりなどにつかまり横に倒します。
2 つかまっている手とは逆方向に骨盤を引いて、背骨を伸展させながら脇腹を伸ばします。
3 左右10回ほど行います。

注意点

- 壁や手すりなど、どこかにつかまることで固定する。
- つかまる手の高さや頭の位置を変えて、いろいろな方向に伸ばすこと。
- 角度を変えて、硬いところを伸ばすこと。

初級エクササイズ②

「側屈運動」で背骨を整える

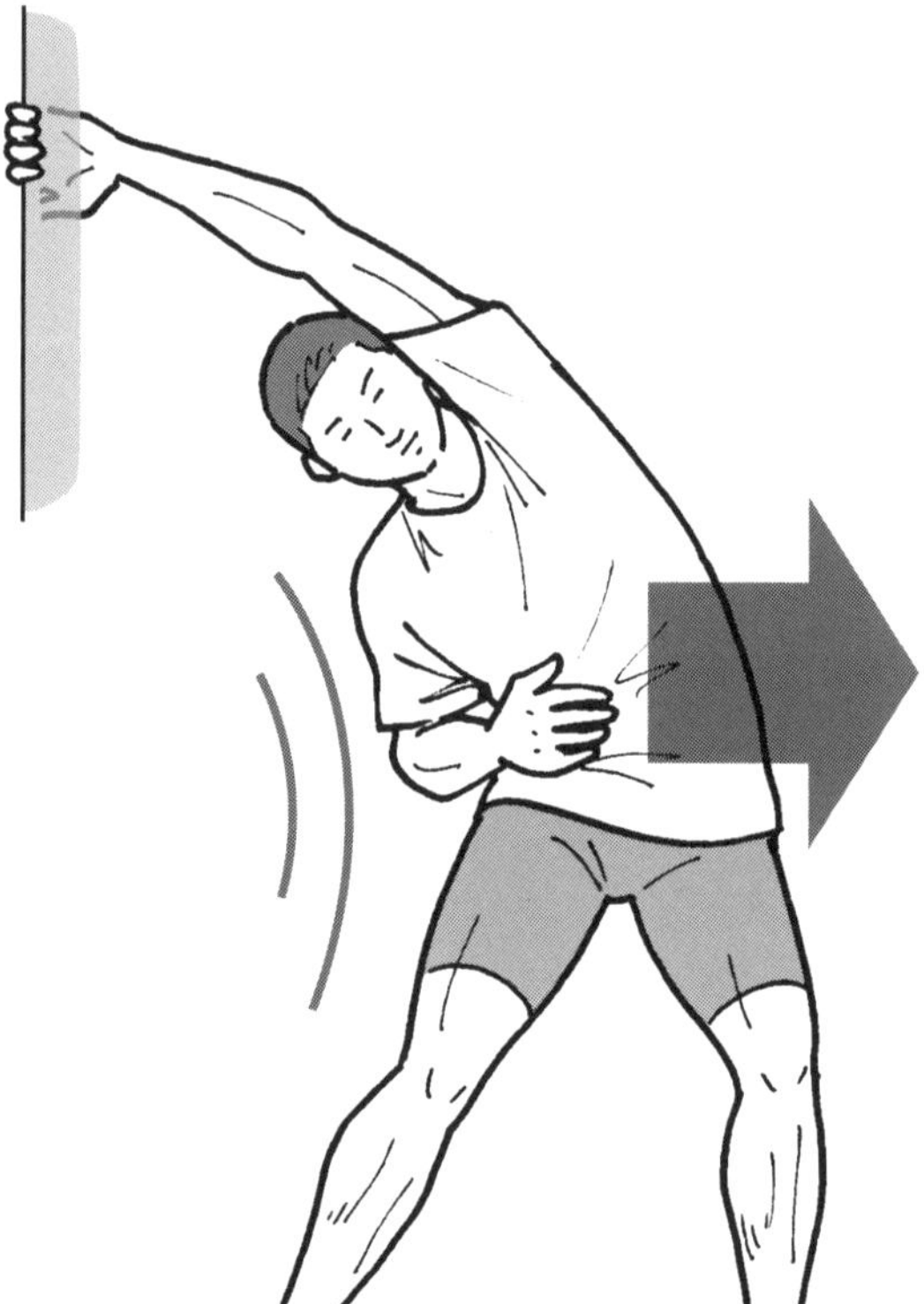

壁や手すりにつかまり横へ倒す（側屈）

※つかまっている手とは逆方向に骨盤を引いて、
背骨を伸展させながら脇腹を伸ばすのがポイント

解説動画

初級
エクササイズ
3

「回旋運動」で背骨を整える

――座り姿勢でカラダをねじり、背骨を動かす運動

「背骨と胸郭をねじる運動」です。雑巾をしぼるようなイメージで行いましょう。

方法

1. 立つか座った状態で片手を頭の後ろに置きます。
2. 背骨を軸に骨盤から回旋させます。
3. これを左右交互に10回ほど繰り返します。

注意点

- ゆっくり行うこと（速いと目がまわるので注意）。

初級エクササイズ③
「回旋運動」で背骨を整える

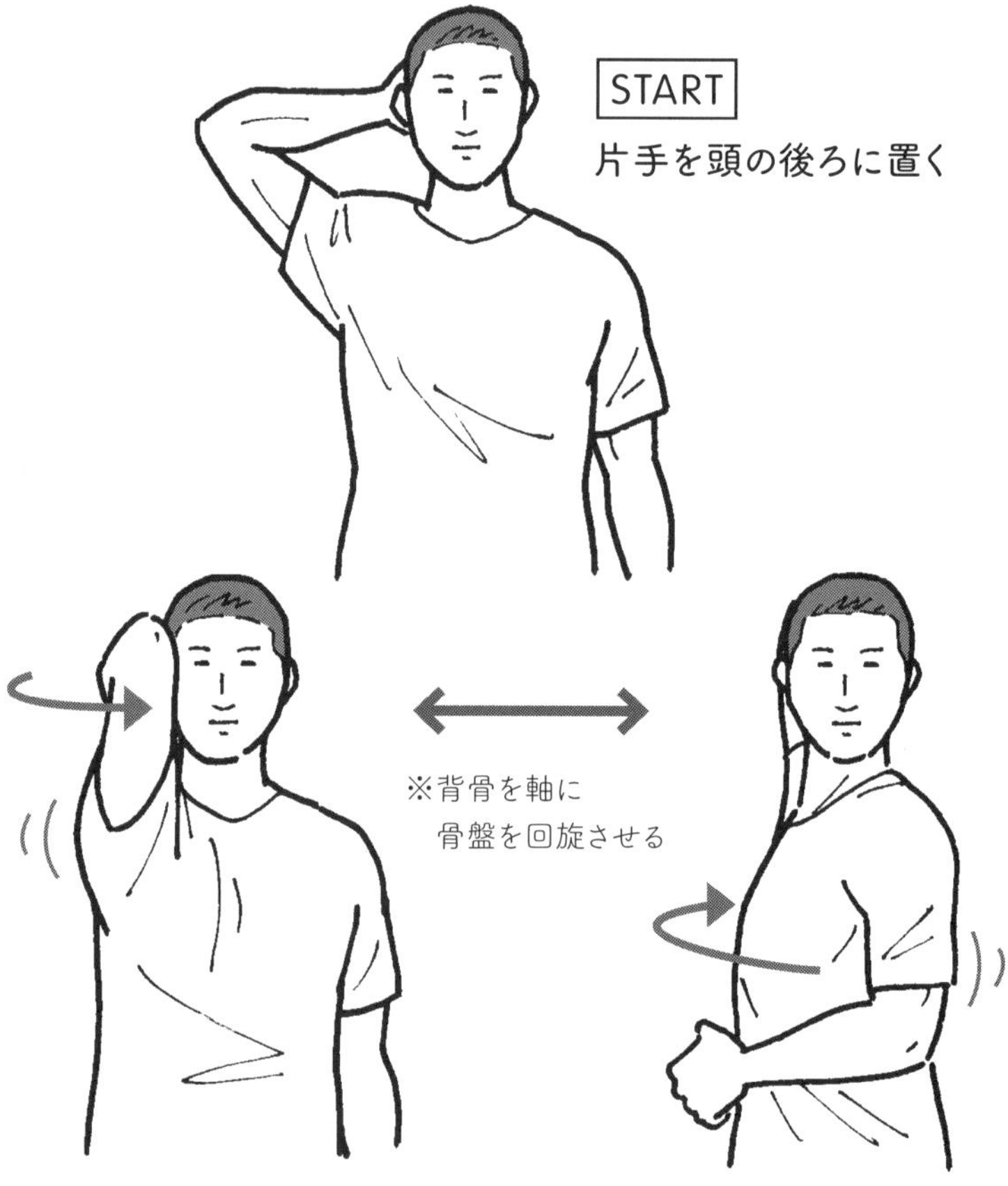
START
片手を頭の後ろに置く
※背骨を軸に
骨盤を回旋させる

カラダをねじり
肘を前へ

カラダをねじり
肘を後ろへ

解説動画

- 息を止めないこと。
- 骨を一つずつ大きく動かすこと。
- 頭は動かさず軸をしっかりつくること。

上級エクササイズ ①

「胸郭落とし」で背骨を整える
――四つん這いで、胸郭を動かす運動

「胸郭を動かす運動」です。リズミカルにバウンドさせるようにしましょう。

方法

1. イス（またはバランスボール）に両手を肩幅に開いて置きます（このとき親指は上を向けて）。
2. そのまま四つん這いになります。

上級エクササイズ①
「胸郭落とし」で背骨を整える

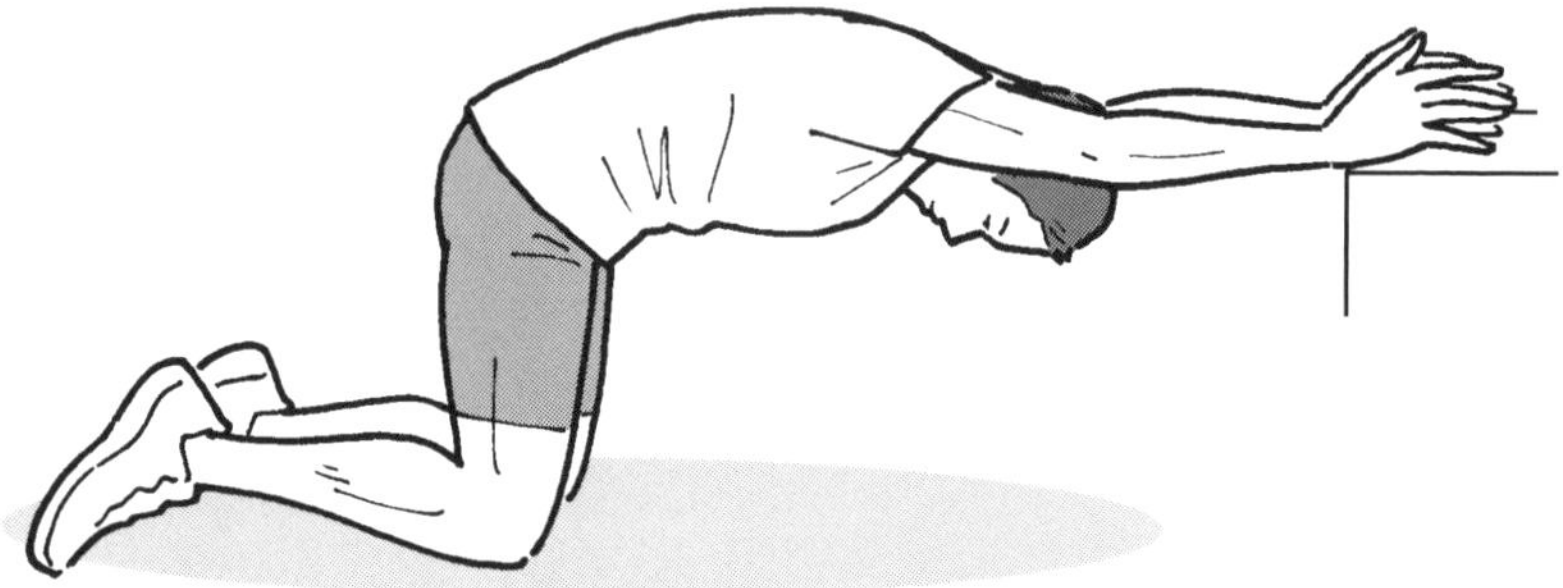

手を「前ならえ」のポーズ（親指を上、小指を下）にして
イスの上に置く

↓

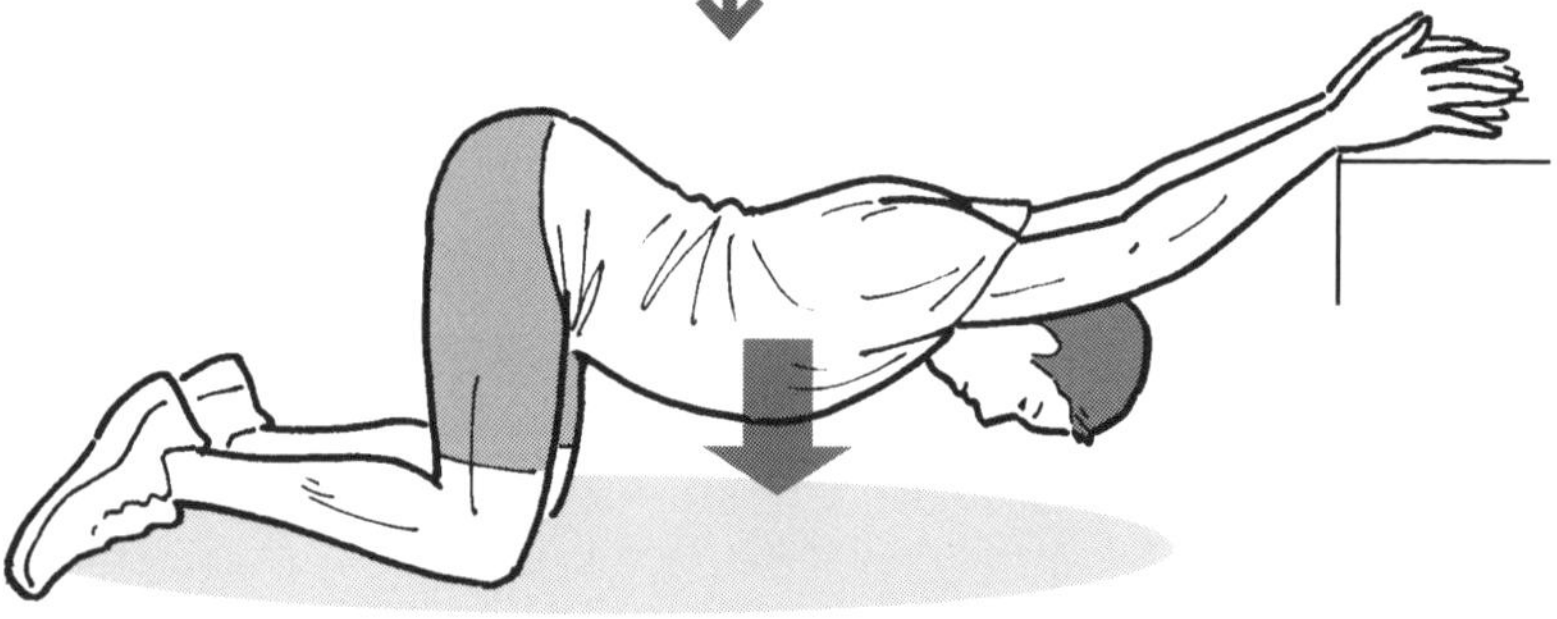

胸を床につけるように下に落とす
※背骨をしならせるように意識すること

解説動画

3 頭を下に下げ、反動を使って胸を床につけるように落とします。
4 これを10回ほど繰り返します。

注意点

- リズミカルに行うこと。
- 肩ではなく、背骨を意識すること。
- 膝と骨盤は同じ位置になるようにすること。
- 手のひらを下向きにしないこと（肩関節を痛めるので注意）。

上級エクササイズ 2

「側屈運動」で背骨を整える
――座り姿勢で、脇腹を伸ばして背骨を動かす運動

「脇腹を伸ばし背骨を動かす運動」です。背骨と脇腹の筋肉の連動をイメージしましょ

う。

方法

1 立つか座った状態で、頭の上で右手の手首を左手で持ちます。
2 カラダを左横に倒し、右脇腹を伸ばします。
3 左右交互に10回ほど行います。

注意点

- 呼吸を止めないこと。
- 脇を伸ばすだけでなく、背骨をしっかり動かすこと。

上級エクササイズ②
「側屈運動」で背骨を整える

バンザイをして手首を持ち、横に倒す（側屈）

解説動画

上級
エクササイズ
3

「回旋運動」で背骨を整える
——立ち姿勢で、背骨を回旋する運動

「背骨を回旋する運動」です。

方法

1. 立ち姿勢で骨盤、背骨、胸郭、頸椎の順にねじります。
2. 右に回旋するときは右脚に、左に回旋するときは左脚に体重を乗せます。
3. 右に回旋したら、一度正面に戻して左の回旋を始めます。
4. 左右10回ほど行います。

上級エクササイズ③
「回旋運動」で背骨を整える

左脚に体重を乗せ、
左にまわす

解説動画

右脚に体重を乗せ、
右にまわす

注意点

●腰椎、胸郭、肩甲骨、首をしっかり連動させること。
●体重移動したとき、骨盤・背骨もしっかりまわすこと。
●まわしたほうの脚に体重を乗せること（逆脚になると肩や腰を痛めるので注意）。
●ゆっくり行うこと（速いとめまいを起こすので注意）。

アスリート向け
エクササイズ

「屈曲・伸展」で背骨を整える
――腕立て伏せの姿勢で、背骨を動かす運動

アスリートにも教えている運動です。大きく動かし、伸展・屈曲を繰り返してください。

アスリート向けエクササイズ
「屈曲・伸展」で背骨を整える

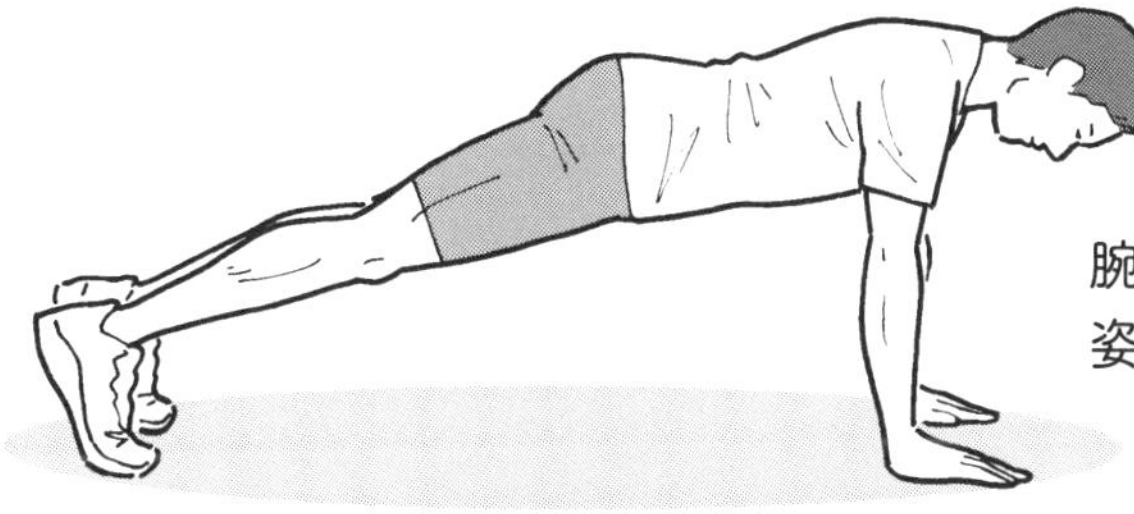

腕立て伏せの
姿勢をする

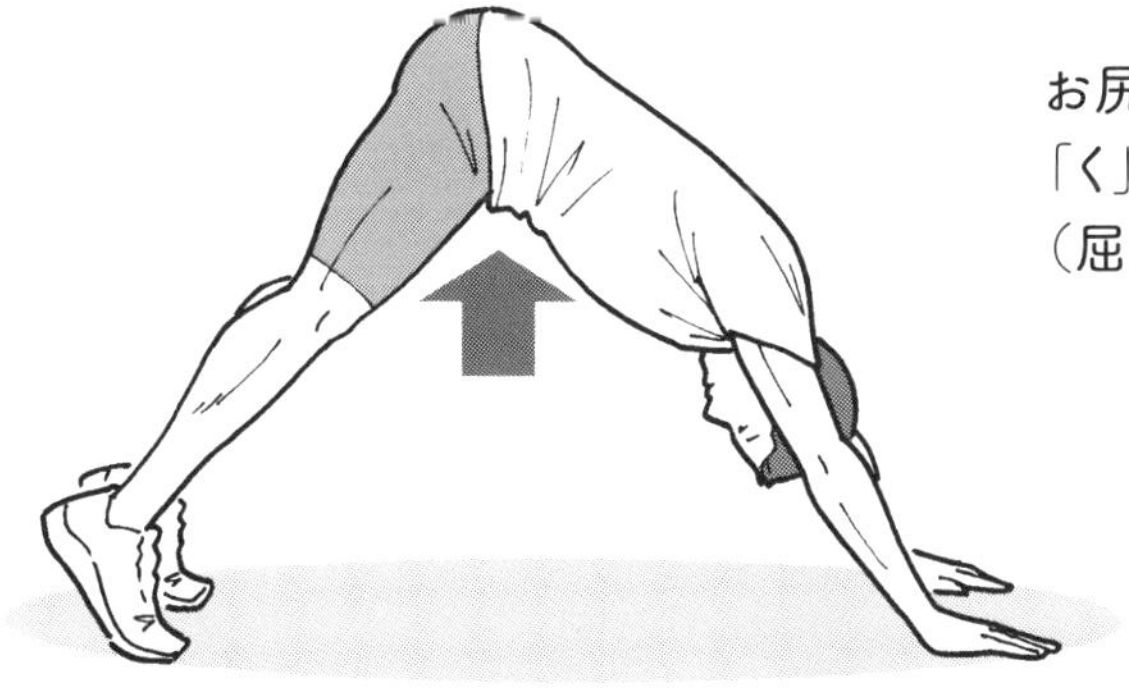

お尻を突き上げて
「く」の字をとる
（屈曲）

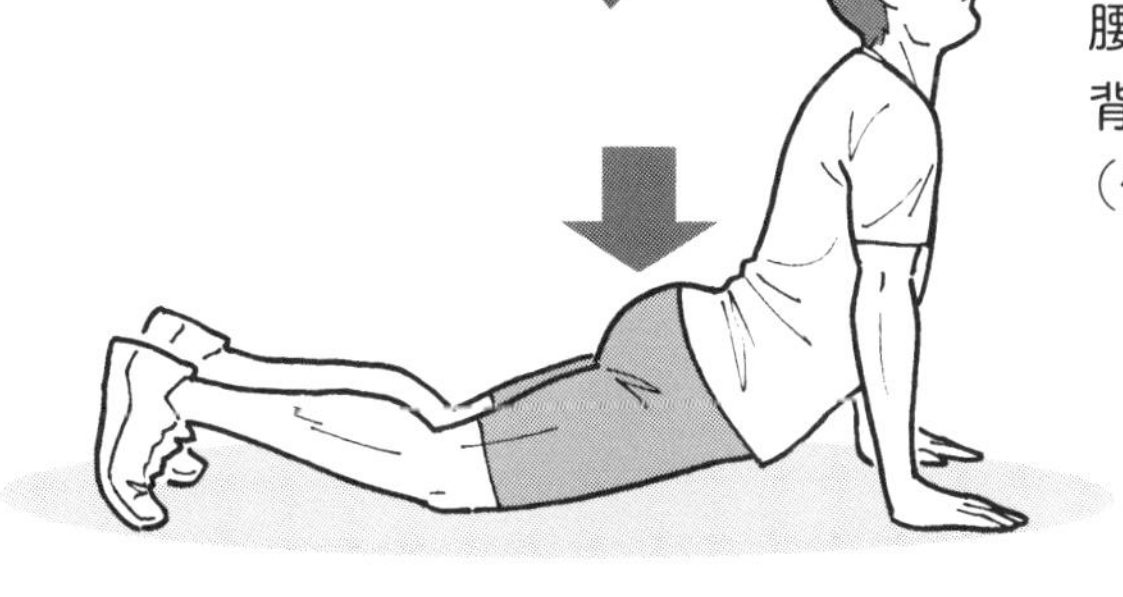

お尻を落とし
腰をつけ、
背骨を反らす
（伸展）

解説動画

方法

1. 腕立て伏せをする姿勢をとります（肘を伸ばした状態）。
2. 「く」の字になるようお尻を上に突き上げます。
3. お尻を落とし、膝をつけ、背骨を反らします（アザラシのような姿勢）。
4. これを10回ほど繰り返します。

注意点

- お尻を上げたときは頭を下げること。
- お尻を下げたときは頭を上げること。
- ゆっくり行うこと。
- 背中全体を反らすこと（腰だけを反らすと腰を痛める原因になるので注意）。

特別付録

アスリート向けエクササイズ

「全身運動」で背骨を整える

～ロングバージョン～

アスリートに教えている15～20分の全身運動です。ウォーミングアップやクールダウンにご活用ください。動画を観ながら一緒に行ってください。

ロングバージョン
エクササイズ
解説動画

今回ご紹介したエクササイズ以外でもおすすめのエクササイズがありますので、
詳しく知りたい方は、私のＹｏｕＴｕｂｅチャンネルをご覧ください。

第5章

あなたもこうしてよくなる6つのケース

「背骨」ひとつでカラダが変わり、ラクになった！

この章で紹介するのは、病院に行っても、整骨院や鍼灸院に行っても治らないと困りはて、私のもとに来られた人たちのエピソードです。

同様のケースでつらい思いをしている方々が、背骨が原因かもしれないこと、その症状をあきらめなくてもいいこと、背骨を動かすトレーニングによって、カラダは生まれ変わることに気づくきっかけになればと思います。

首の頸椎ヘルニア手術をしても治らなかった痛みが消えた！（50代・男性）

首の頸椎ヘルニアで2回の手術をしていた50代男性。首の動きすべてにおいて痛みがありましたが、**特に上を向くときにひどい痛み**がありました。

手術前には痛みに加え、痺れもありましたが、手術後、痺れはほぼなくなったものの、痛みは消えませんでした

首は頸椎、胸椎、腰椎、骨盤と繋がっています。

上を向く動作というのは、下から骨盤、腰椎、胸椎、頸椎と動いて伸展動作をします。上を向くだけでなく、屈曲動作や側屈動作も、すべて背骨と骨盤が動いてその動きになります。

この男性は、骨盤の前傾、後傾の動き、腰椎の動きも悪く、首だけで動いていたために首の痛みが出て、さらにはヘルニアになり手術することになりました。

手術をしても問題の背骨と骨盤は変わっていないため、手術後も痛みが取れなかったのです。

背骨をゆるめるエクササイズをしていただくと、半年くらいで痛みも取れていきました。

2回の腰のヘルニア手術後も取れない痛みが、半年後解消（50代・男性）

腰のヘルニアで痛みを訴えて来られた50代の男性。手術を2回されていて、1回目の手術で痺れは取れたけど、痛みが取れないということで、2年後に2回目の手術をされました。

結局、**２回目の手術をしても痛みが再発し、改善されなかった**ため、私のところに来られました。

背骨が硬く、腰椎も胸椎も頸椎もまったく動かない状況でした。歩く動作も右肩と右足が同時に出るような感じで、カラダのねじれがまったくない状況でした。その様は、ゲゲゲの鬼太郎のぬりかべのように背骨のねじれがない状態で手足だけで歩いておられました。

他の方と同じように、**背骨と骨盤を動かすエクササイズをするよう指導しました。背骨と骨盤を動かすことによって奥のほうの筋肉が動いて、血流が上がり、筋肉や関節が柔らかくなっていきます。**

マッサージだけでは表面的な筋肉しかゆるみませんので、**自分自身でカラダを動かすことが必要**になります。運動のすごく嫌いな方でしたが、半年続けてもらい痛みが取れました。

坐骨神経痛で歩けなかったが、3カ月後に改善(30代・男性)

坐骨神経痛の30代男性。坐骨神経痛か股関節痛かを特定するテストでは、陽性(坐骨神経痛)の判定で、大腿四頭筋の硬さもかなりあり、股関節の伸展動作がまったくできない状況でした。

背骨に関しても腰椎の回旋動作(ねじり動作)がまったくできず、肩関節もすごく硬くなり、バンザイが150度くらいしか上がらない状況でした。

痺れもかなりありましたが、背骨を動かすよう指導し、エクササイズを1日2回毎日続けてもらって、3カ月後に改善しました。その後も再発しないように続けてくれています。

手術と宣言された両膝の痛みが、2カ月後に取れた！（40代・女性）

ママさんバレーをしている40代の女性の方は、**両膝の痛み**がありました。骨盤が後傾して背中が丸まって、股関節がうまく使えない状況でした。股関節で歩くというより、膝で歩いていたため、膝の内側に痛みが起こっていました。**変形性膝関節症**もあり、医者からは手術と言われていましたが、本人は手術をしたくなかったので私のところに来られました。

その女性は、大腿四頭筋を使って歩いていたので、膝の負担となって痛めていました。骨盤が後傾しているので、歩くときに膝が曲がって歩くため、**腰椎の動きを改善することと、骨盤と背骨を上手に動かす動作を指導**していきました。

エクササイズで背骨の回旋と骨盤が動くようにすると、2カ月後には、それに伴って股関節も連動して動くようになり、ハムストリングスとお尻を使い、モデルさんのように膝を伸ばして歩くようになっていったのです。

背骨と骨盤が動くことによって、股関節が上手に動くようになり、ハムストリングスとお尻を使って歩くことで、大腿四頭筋と膝の負担がなくなって痛みが取れました。

脊柱管狭窄症で手術3回、ほとんど歩けなかった体が歩けた！（70代・男性）

この方は**脊柱管狭窄症で、3回手術しても一向によくならず、30mも歩けない状況**でした。前項の方と一緒で、右肩と右足が同じように歩いて、よちよち歩くような感じで、30m歩いたらしゃがみ込んでしまいます。

手術をしてもよくならないということで、**運動で硬くなったカラダをほぐすことになり、エクササイズをどんどんやってもらいました。**

痛みが出てから15年、最後の手術から8年経っていること、本当にカラダが硬く、ねじることもできないこと、そしてこちらの言うことをなかなか聞いてくれないということもあり、ほぐすのに時間がかかり、結局痛みが取れるまでに2年かかりました。

1年半たった頃、背骨の回旋動作ができるようになり、やっと100m、200mと歩けるようになり、10mくらい走ったら転んでしまったそうです。

今まで運動しておらず、筋力がないままいきなり走れば転んで当然です。

それでも走れたことがよほど嬉しかったのでしょう、「走れたけど転んでしもうて、膝が痛いから治療してくれ」と嬉しそうに電話をくれました。

股関節痛、臼蓋形成不全から、半年後奇跡の復活！（50代・女性）

股関節痛と臼蓋《きゅうがい》形成不全と病院で診断された50代女性。水が溜まっているので、医師には「手術しましょう」と言われましたが、本人は手術は嫌だということで、私のところに来られました。
検査すると股関節の伸展動作が硬く、大腿四頭筋が硬くなっており、体重をかけたときに激痛が走っていました。

股関節の内旋も外旋もまったく動かない状況で、ハムストリングスはそこまで硬いわけではないものの、通常より可動域は狭くなっていました。肩関節はそこまで硬くないものの、腰椎の動き、骨盤の前傾、後傾がまったくできない状況でした。そのため、股関節に負担がかかっていました。

腰椎の動きを改善するエクササイズと、骨盤と背骨を上手に動かすエクササイズをしていきました。

私のところに来られた当初は足を引きずって歩いていて、お尻を後ろに引いた状況で、股関節が前に出ず、伸展動作ができない状況でした。

ところが、半年たったら、もう見た目は普通に歩いていますし、週に2回大好きな卓球を楽しんでおられます。

おわりに

最後までお読みいただきありがとうございました。

私は現在、スポーツトレーナーとして、プロスポーツ選手や高校、大学、実業団などのチームの治療やトレーニング指導を行っています。

私自身、もともとはプロを目指す野球選手でした。小学生で肘を痛め、高校、大学、実業団時代に計3回の手術をしましたが、完治することはなく、27歳でプロの道をあきらめ、引退しました。

3回目の手術をしたときに、ある有名なスポーツジムにリハビリに行きました。そこは日本で唯一のスポーツ理論を元にしたトレーニング法を実施しているジムで、誰もが知っているトップアスリートもトレーニングを行っていたところでした。

そこでウエイトトレーニングを始めると、痛いながらも投げられるようになったのです!

私は痛みを取るのは治療だと思っていたのですが、**トレーニングでも痛みが改善できる**ことに衝撃を受け、『スポーツトレーナー』という仕事に興味を持ちました。

引退後、鍼灸師の資格を取り、解剖学や運動学、トレーニングや治療など、トレーナーに必要とされる知識や技術を様々学びました。

あるとき、なぜ私は肘が痛くなったのか？　と思い、自分の現役時代の投球フォームの画像を分析すると、カラダの使い方が間違っていたことに気がついたのです。試しにフォームを正して投げてみると、肘の痛みもなく投げることができました。自分が本当に悪いのは肘ではないことに気がつきました。背骨を動くようにして正しいカラダの使い方ができるようになり、肘の痛みが取れたのです。

カラダを正しく使えば、痛みは取れる！

そう確信した瞬間でした。

全国には、病院に行っても、整骨院や鍼灸院に行っても治らない人がいっぱいいるんですね。その人たちをなんとかしてあげたい……。そんな思いで今、全国を飛び回っています。本を通じて、一人でも多くの人を救いたいと今回出版を決意しました。

こうした私の伝えたいことを形にしてくださった治療家仲間である笠原章弘《ふみひろ》先生をはじめ、企画・編集をお手伝いしていただいた遠藤励起さん、青春出版社の野島純子さん、動画の撮影場所を提供してくださったパーソナルジムBEYOND六本木店の平森勇喜さんにも大変お世話になりました。この場をお借りし御礼申し上げます。

この本が多くの方の病気やケガの回復、パフォーマンスアップや成績向上のお役に立てたら幸いです。

2023年1月吉日

木村《きむら》雅浩《まさひろ》

背骨を整える「1分間エクササイズ」一覧

本書で紹介している基本から初級・上級・アスリート向けまでレベル別の1分間エクササイズをまとめました。

このページをコピーするなどして、自分に合ったエクササイズをセレクトし、自分だけの「7つの1分間エクササイズ」カードをつくって活用してください。

基本① 肩甲骨・胸郭まわし

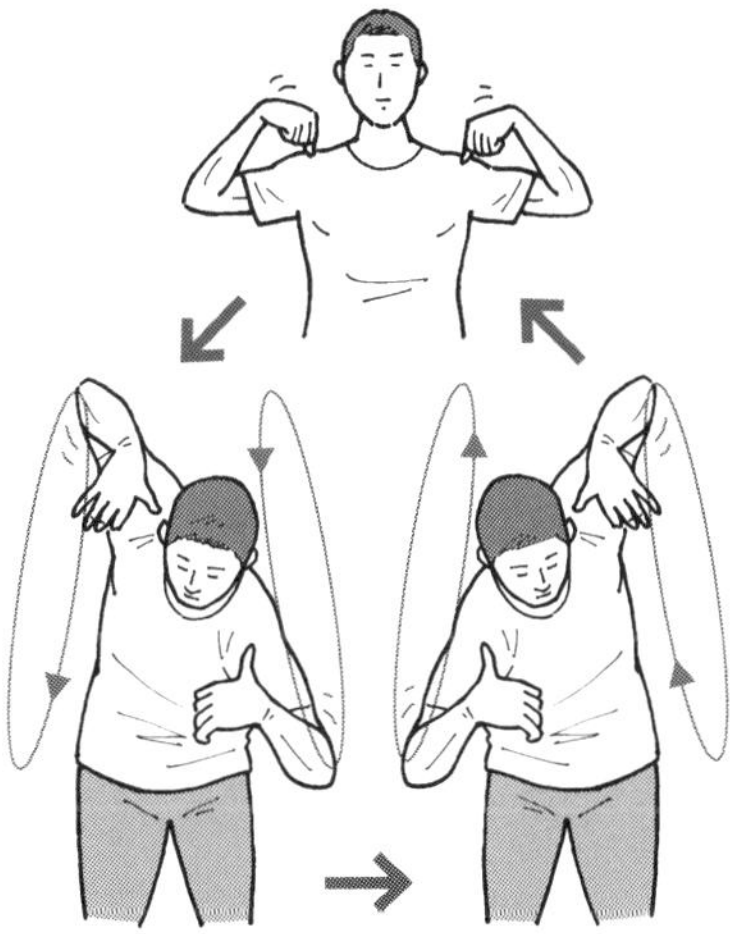

親指を肩の上につけ、肘で
円を描くように、まわす（逆まわしも）

基本② タオルエクササイズ

1 タオルを持ってバンザイ

2 横に倒す

3 左右に回旋する

4 背中を反る・丸める

基本③ 膝倒し

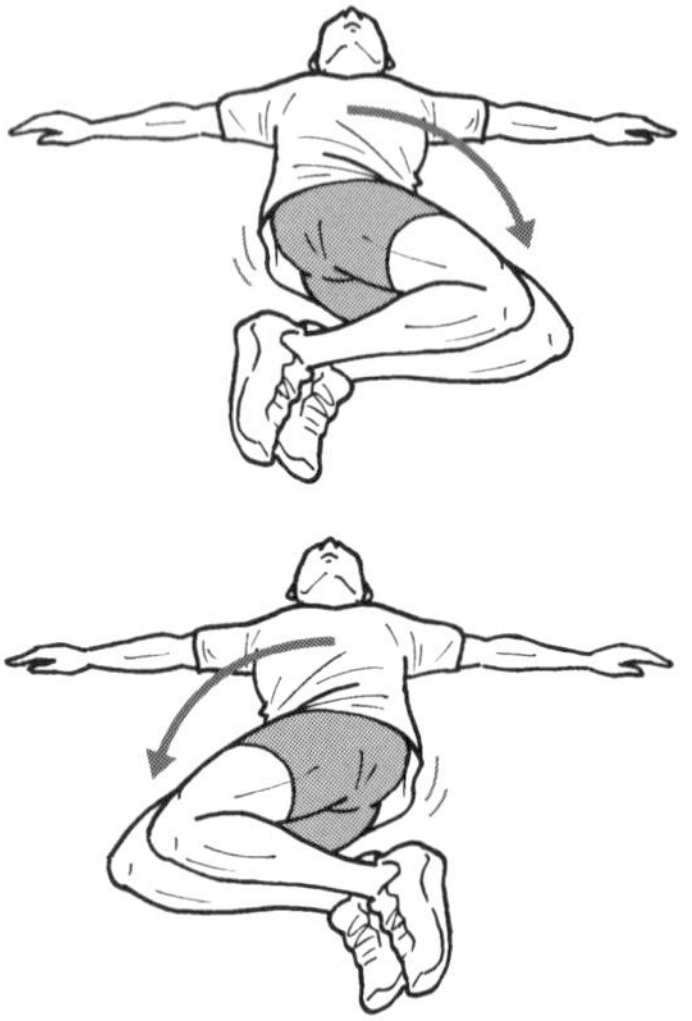

膝を横に倒し、骨盤と背骨をねじる

基本④ かかと伸ばし

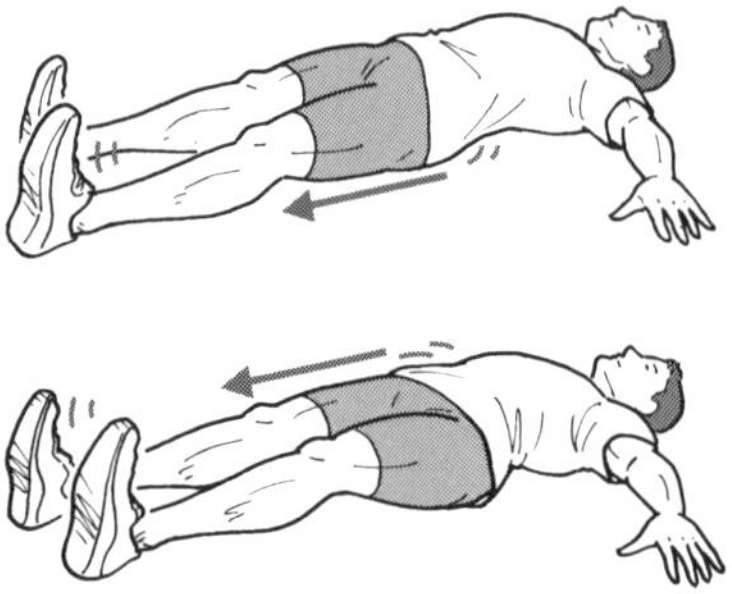

片足のかかとを
骨盤から下に伸ばす
※骨盤を大きく動かすことで背骨も動く

初級① ボールエクササイズ

ボールを腰（骨盤の上）
に当てる

↓

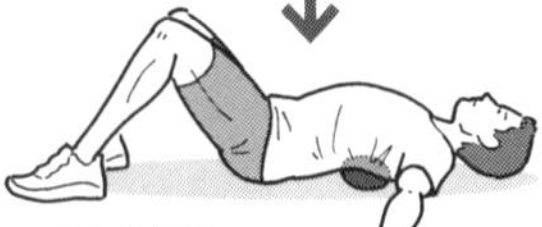

ボールを肩甲骨の
下に当てる

↓

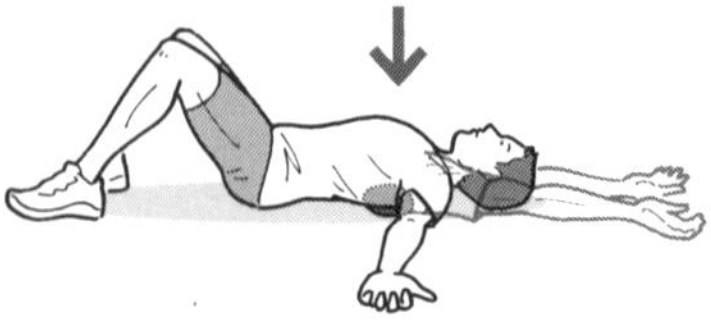

ボールを肩甲骨の間に当てる
※バンザイをすると、より背骨が伸展する

初級② 側屈運動

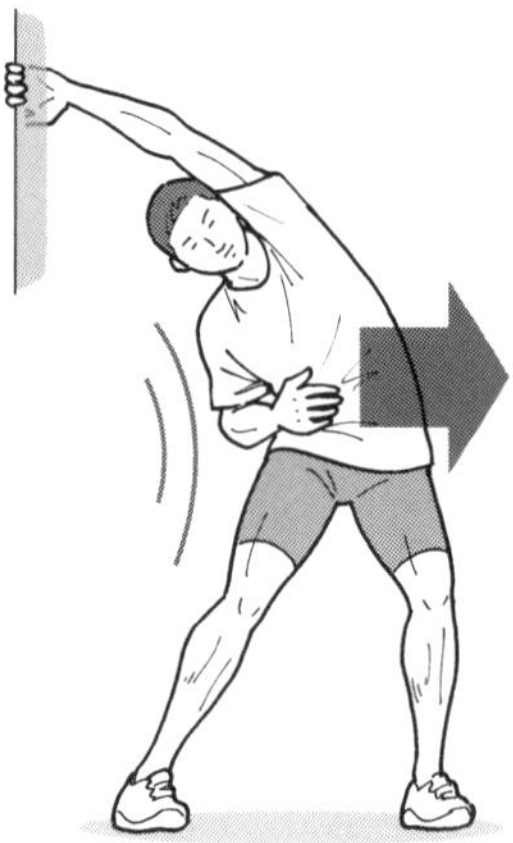

壁や手すりにつかまり横へ倒す（側屈）
※つかまっている手とは逆方向に骨盤を引いて、背骨を伸展させながら脇腹を伸ばすのがポイント

初級③ 回旋運動

START

片手を
頭の後ろに
置く

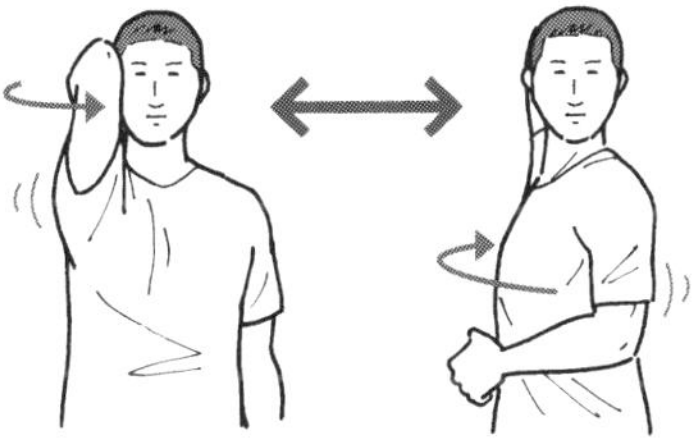

カラダをねじり
肘を前へ

カラダをねじり
肘を後ろへ

※背骨を軸に骨盤を回旋させる

上級① 胸郭落とし

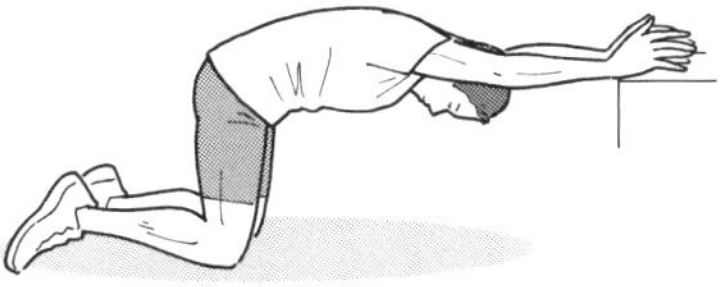

手を「前ならえ」のポーズ
（親指を上、小指を下）にして
イスの上に置く

↓

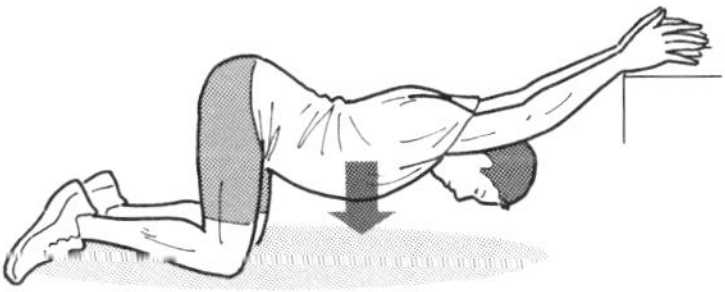

胸を床につけるように下に落とす
※背骨をしならせるように意識すること

上級② 側屈運動

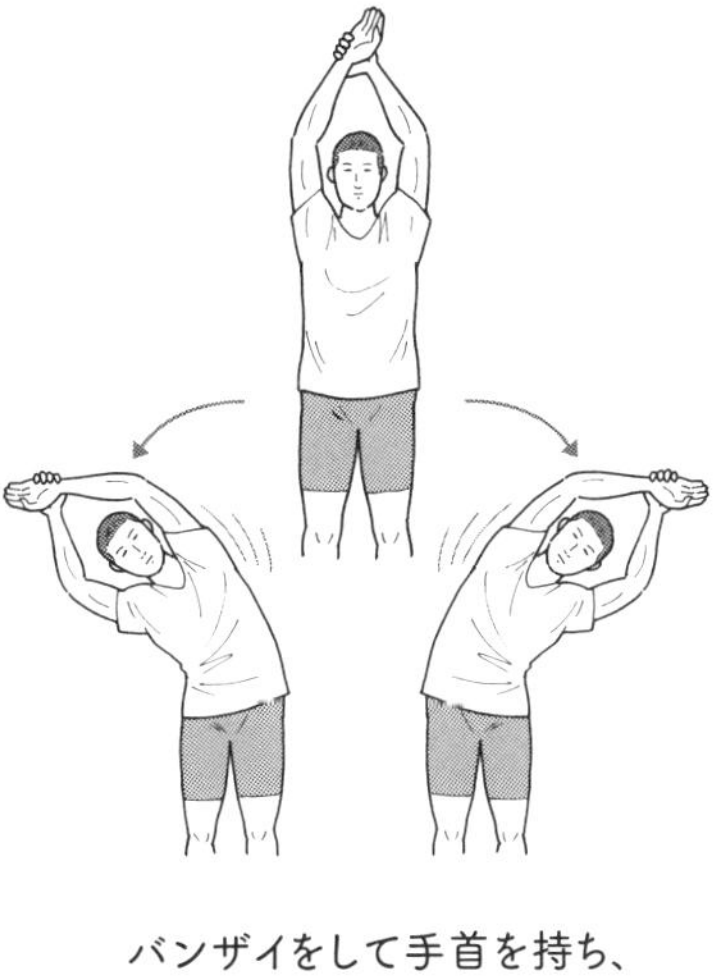

バンザイをして手首を持ち、
横に倒す（側屈）

上級③ 回旋運動

左脚に体重を乗せ、
左にまわす

右脚に体重を乗せ、
右にまわす

アスリート向け 屈曲・伸展

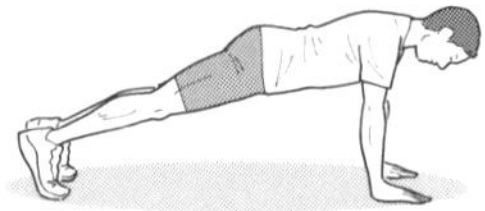

腕立て伏せの姿勢をする

↓

お尻を突き上げて「く」の字をとる（屈曲）

↓

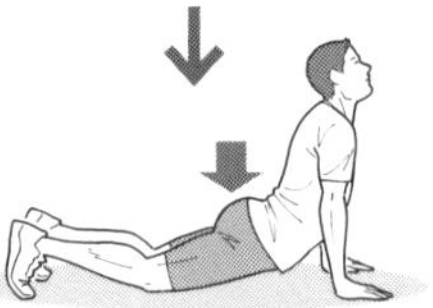

お尻を落とし腰をつけ、背骨を反らす（伸展）

Body Maintenance Method

写真撮影…伊藤智美　本文イラスト…中村知史
本文デザイン…岡崎理恵　編集協力・動画撮影…笠原章弘
動画撮影協力…パーソナルジムBEYOND六本木店　平森勇喜
企画協力…遠藤励起

WEB	LINE	YouTube	Facebook	Instagram
木村雅浩 ホームページ	スポーツトレーナー 職人の部屋 LINE公式 アカウント	YouTube 木村雅浩 スポーツ トレーナー	Facebook 木村雅浩 スポーツ トレーナー	Instagram 木村雅浩 スポーツ トレーナー

著者紹介

木村雅浩

プロスポーツトレーナー。1967年生まれ。京都府出身。社会人野球の投手として活躍後、自身が肘の故障で苦しんだ経験をきっかけにトレーナーに。独自の理論に基づいた運動学や機能解剖学を組み合わせた治療法やトレーニング法を確立。「ケガを治す」だけでなく「ケガをしない体を作る」をモットーに、球界を代表するプロ野球選手やサッカーW杯日本代表のＪリーガー、五輪代表のフィギュアスケート選手らプロスポーツ選手のパーソナルトレーナー、高校・大学・実業団チームの専属トレーナーなど多方面で活躍。病院や治療院で治らないケガや症状で苦しむ人、体作りに悩む全ての人のために尽力している。

オフィシャルサイト
https://www.kimura-trainer.com/

プロスポーツトレーナーが教《おし》える
背骨《せぼね》を整《ととの》えれば体《からだ》は動《うご》く！ ラクになる！

2023年２月１日　第１刷

著　　者　木《き》　村《むら》　雅《まさ》　浩《ひろ》

発 行 者　小 澤 源 太 郎

責任編集　株式会社 プライム涌光
電話　編集部　03(3203)2850

発 行 所　株式会社 青春出版社
東京都新宿区若松町12番１号 〒162-0056
振替番号　00190-7-98602
電話　営業部　03(3207)1916

印　刷　中央精版印刷　　製　本　大口製本

万一、落丁、乱丁がありました節は、お取りかえします。

ISBN978-4-413-23289-0 C0075